황홀

황홀

ECSTASY

마이클 아이건
지음

김건종
옮김

황홀 ECSTASY

1판 1쇄 2014년 7월 17일

지은이 | 마이클 아이건
옮긴이 | 김건종

펴낸이 | 임말희
편집 | 윤서영
프린트 | 문성인쇄
펴낸곳 | 눈 출판그룹

출판등록 | 2012년 5월 23일 제321-2012-000122호
주소 | 서울특별시 서초구 서초동 효령로 60길 23-11 서전빌 3층
전화 | 02-3394-4745
팩스 | 02-3394-4749
이메일 | malheeklarayim@gmail.com
홈페이지 | www.nun.or.kr

값 **18,000**원
ISBN 978-89-94347-33-2 (93180)

파본이나 잘못된 책은 바꿔드립니다.

이 도서의 국립중앙도서관 출판시도서목록(CIP)은 e-CIP 홈페이지(www.nl.go.kr/ecip)에서 이용하실 수 있습니다. (CIP 제어번호 : 2014020903)

목차

추천의 글

그러니까… 내가 마이클 아이건 박사님을 처음 만난 건 2007년 7월 경이다.

당시 나는 광화문의 서울대상관계정신분석연구소에서 3년째 수업을 듣고 있었다.

그해 여름 연구소에서, 미국 분석가 중 다섯 손가락 안에 꼽히는 대가 분석가인 마이클 아이건 박사님을 초청해 3일간 국제학술대회를 연다는 소식이 들려왔다. 이 귀한 잔치를 위해 내가 무얼 할 수 있을까 생각하던 차에 이재훈 소장님 부탁도 있고 해서, 나는 첫날 일정을 마치고 아이건 박사님 부부를 한남동 리움미술관으로 모셔가 전람회를 안내해 드렸다.

학술대회 당일 아침, 박사님이 호텔방 침대 쿠션이 너무 좋다고 침대 위에서 한참을 뛰어 땀에 흠뻑 젖으셨다는 박사님 사모님의 얘기도 있었고, 투어 내내 그분이 보여준 즉흥적인 호기심… 자의식

To Kwon Kum Mi,
Many thanks for your
grace and good will —
Good luck in Michigan &
you go.
Blessing wherever
you are —
Michael Eigen
25 August 2007

이라곤 없는 아이 같은 대가의 모습을 보며... 당시 정신분석 입문자였던 나는 어리둥절해지기도 했다.

그 후로 7년이 흘렀다.

'그대가 신의 귀한 아들이듯, 나도 왕비 같이 귀한 신의 피조물, 신의 딸이요.'

이제야 아이건 박사님이 내게 온몸으로 전해준 그 메시지를 온전히 이해하고 살아내기 시작한 기분이다. 뭔가에 홀린 듯 정신분석을 받고 성경, 불경, 동서고전, 학술서적들을 탐독하고 온갖 봉사활동을 찾아다니며 백골이 진토 되도록 나를 부수고 또 부수었던 지난 세월...

사실 분석치료 과정은, 이렇게 자기를 부수고 부수어 신이 이미 내 안에 빚어 놓으신 공주, 왕자의 원상을 회복하는 과정이 아니고 무엇이랴.

그간 신께서 보내준 수많은 사람과의 인연 속에서 내 환부가 온전히 곪고 드러나고 또 나았음을 고백하지 않을 수 없다.

신과 인간 사이의 이 신비한 놀이 과정을 위트 넘치게 증언하고 있는 이 '황홀' 이라는 에세이를 읽으며 치료자-독자들이 새롭게 약동하는 새 심장을 이식 받았으면 좋겠다.

그간 내게 일어난 모든 일에 대해 신과 인간 동료들에게 감사와 경의를 표하며…

2014년 7월 7일

잠실에서, 권금미 대데레사(권금미마음연구소 소장)

서문

"황홀ecstasy[1]은 우리 심성heart[2]의 중심이다" 책은 이렇게 시작한다. 만약 이 진술이 사실이라면, 이는 모든 인간 심성에 적용될 것이다. 수년 전 나는 한나 아렌트가 지적 작업 속에서 느끼는 비밀스러운 황홀감에 대해서 이야기하는 것을 들은 적이 있다. 아렌트는 신비주의자나 연인들, 아니면 시인들을 위해 남겨진 이 용어를 쓰는 것이 조금은 당황스럽다고 말했다. 그러나 사유에 대한 사랑을 이끄는 것은 그 무엇보다 이 황홀감이라고 고백했다.

나는 정신분석 작업의 배면에, 그리고 더 일반적으로는 우리 삶 배면에 있는 황홀감을 표현코자 하는 내적 압력에 반응하여 이 책을 썼다. 이 황홀감은 가장 괴로운 상태를 통해서, 그리고 이 상태와 결합하여 출현한다. 이전 책 <전기가 흐르는 밧줄electrified tightrope>(1993)에서 나는 정신분석적 고난을 통과해 나가는 과정에서 발견되는 심오한 기쁨에 주의를 기울인 적이 있다. 종종 분석가

역주1) 이 책에서는 ecstacy를 맥락에 따라서 황홀, 황홀감으로 옮겼다.

역주2) 저자가 heart를 심장이자 마음의 의미로 중의적으로 쓰고 있기 때문에 여기에서는 '심성'이라고 번역하였다. 이후에는 맥락에 따라 중심, 가슴 등으로도 옮겼다.

와 환자 모두는 이 기쁨에 대해 스스로를 방어한다. '정신분석이란 무엇인가' 혹은 '정신분석은 어때야 하는가'에 대한 지나치게 편협한 관념 때문에 이를 교묘히 회피하는 것이다. 이 책 <황홀>에서 나는 '우리는 누구인가' 라는 문제에 있어 중요한 다양한 인간 경험들 – 우리 영혼을 가라앉히려 위협하지만 결국 신뢰와 개방성에 도달하는 쾌락과 고통들 – 속에서 두근대는 정신분석적 심성을 그려내려 한다.

<전기가 흐르는 밧줄> 이후에 쓴 <정신분석적 신비주의자 Psychoanalytic Mystic>(1998)라는 책에서 나는 분석적 욕망을 통해 하나로 흘러 모이는 무한한 원초적 향유jouissance[3]에 대해서 서술했다. 어떤 형식으로든 이 향유는 우리의 모든 정신적 행위의 일부이며, 또한 우리의 인격이 그 안에서 살아 숨쉬고 성장하는 환경 혹은 장field의 일부일 것이다. 이는 페데른Federn의 원초적이고 무한한 '나라는 느낌I-feeling'이나 위니코트Winnicott의 '지속적 존재going on being', 밀너Milner의 '상징적 경험의 황홀한 정수orgasmic core', 그리고 비온의 '신뢰faith' 개념과 연결된다. 어떤 사람은 이 향유를 자기애적으로 누리고 착취한다. 그러나 어떤 사람들은 이 향유가 부과하는 도전을 인식하고 이를 모든 이, 즉 자신뿐 아니라 타인도 누릴

역주3) 이는 후기 라캉의 핵심 개념이다. 향유, 향락, 주이상스로 번역되고 있으며, 여기에서는 향유로 옮겼다. 라캉의 이 개념을 짧게 설명하기는 힘드나, 왜곡을 무릅쓰고 간단하게 정리한다면 프로이트적 쾌락에 고통의 감각이 함께하는 것을 의미한다고 볼 수 있다. 브루스 핑크는 <라캉과 정신의학>에서 이렇게 요약했다. "프랑스어에는 이러한 고통 속의 쾌락을, 불만족 속의 만족감을 지칭할 만한 적절한 단어가 있는데 그것이 바로 향유jouissance이다. 향유는 자기처벌이나 고통스러운 일에서 느끼는 흥분(예 : 성적인 절정감)을 의미하는 용어이다."

수 있도록 돕는 참으로 복잡한 여행을 시작할 수 있다.

이 책은 정신분석과 삶 일반에 존재하는 황홀한 중핵에 대해서 논의한다. 나의 "논의"는 이성적이거나 선형적이지 않다. 나는 차라리 순간순간 작동하는 창조적이고 파괴적인 황홀을 보여주려 한다. 앞으로 나는 정신치료 회기와 정신분석적 사고에 주로 의지할 것이나, 또한 고대로부터 현재에 이르는 신비주의 경험들 역시 다룰 것이다. 정신분석과 신비주의 경험은 서로를 비춰주며 서로로 변형되고, 그러면서 분파적 한계를 넘어 풍성해진다.

우리 인격의 중심에 있는 빛은 존재의 근본을 위협하는 상황에 대면하고 이로부터 살아남아야 한다. 이 책 <황홀>은 우리의 신비주의적 중핵이 피할 수 없이 맞닥뜨려야 하는 고통과 수모, 멸절anihilation, 그리고 우리를 변형시키려 끊임없이 압박하는 파괴적 힘들의 작용에 초점을 맞출 것이다. 정신분석을 관통하여 흐르는 것은 신뢰에 대한 확고한 믿음이다. 그리고 현대의 삶은 자기의 파국을 쉼없이 추구함으로써 더 강렬해졌다. 이 책을 이끄는 추동력은 다양한 정신분석 학파로부터 나온다. 나는 프로이트Freud, 레빈Lewin, 라캉Lacan, 비온Bion, 위니코트, 융Jung, 라이히Reich, 코헛Kohut의 이론을 뒤섞고 이를 내 방식으로 재작업했다. 또한 이를 플라톤, 플로티누스, 윌리엄 블레이크, 성경, 셰익스피어, 카발라Cabbala[4)], 스필버그, 그리고 일상 속에서 매일매일 벌어지는 부패와 통합의 드라마에 적용하고 때로는 이와 혼합시켰다.

한 사람의 황홀은 다른 사람의 공포일 수 있다. 창조적 황홀이 존재하는 만큼 파괴적 황홀도 존재한다. 전쟁과 상처의 황홀이 있고 흉악한 황홀도 있다. 소크라테스의 선에 대한 관념 속에는 어떤 황홀한 흐름이 존재했지만, 플라톤은 시에 중독되는 것을 비판했고 감각적, 감정적 환희가 지닌 망상적 측면을 걱정했다. 고통과 외상 속의 황홀은 우리의 영혼과 마음을 혼란스럽게 만든다. 황홀한 파괴가 일으킨 비참함에 관해서라면 황홀을 강하게 비판하지 않을 수 없다. 역사는 집단과 개인이 황홀 속에서 서로를 끔찍하게 학대한 예로 가득하다. 그리고 이는 황홀 적용이 부패하여 잔인한 이데올로기적 전환을 이루고, 이를 통해 서로가 대치하면서 일어났다. 황홀과 그 쌍둥이인 황홀 선망ecstasy envy은 쉽게 서로 혼합되어 정당한 분노가 되지만, 지나치게 타산적인 분노로 변질될 수도 있다.

그럼에도 불구하고 나는 황홀이 우리가 살아있다고 느끼는 데, 삶에 더 많은 빛깔을 더하는 데 도움이 된다고 믿는다. 또한 황홀은 삶의 음조와 질감의 일부이기도 하다. 이는 황홀과 함께 혹은 황홀 없이 살 수 있느냐 혹은 없느냐 하는 문제가 아니다. 황홀은 우리가 반드시 관심을 쏟아야 하는 일종의 능력이며, 우리는 이를 즐길 뿐 아니라 연구해야 한다. 황홀로부터 배우는 법을 배워야 한다. 숨을

역주 4) 중세의 신비주의적 유대교

쉬지 않을 수 없듯 황홀을 없앨 수는 없다. 대신 우리를 이루는 이 황홀이라는 능력과 더 나은 동반자가 됨으로써 이와 함께 성장할 수 있다.

과거에 나는 광기(1986)와 죽음 같은 무기력(1996)에 대해, 그리고 상처(1999, 2001)에 대해서 썼다. 그리고 그 과정에서 때때로 외상을 따라 찬연한 빛이 흘러나오는 것을 보았다. 이 책 <황홀>은 이 광휘, 떠올라 산산이 흩어지는 빛을 중점적으로 다룬다. 나는 이 책에서 삶의 가능성에 대한 감각을 더욱 풍성하고 진실하게 만들어 주는 능력들과 씨름했다. 존재하는 법을 배우려는 이 암중모색의 분투, 끊임없이 새로운 것이 솟아나는 여행에 내 작업이 함께하기를 기도한다.

마이클 아이건

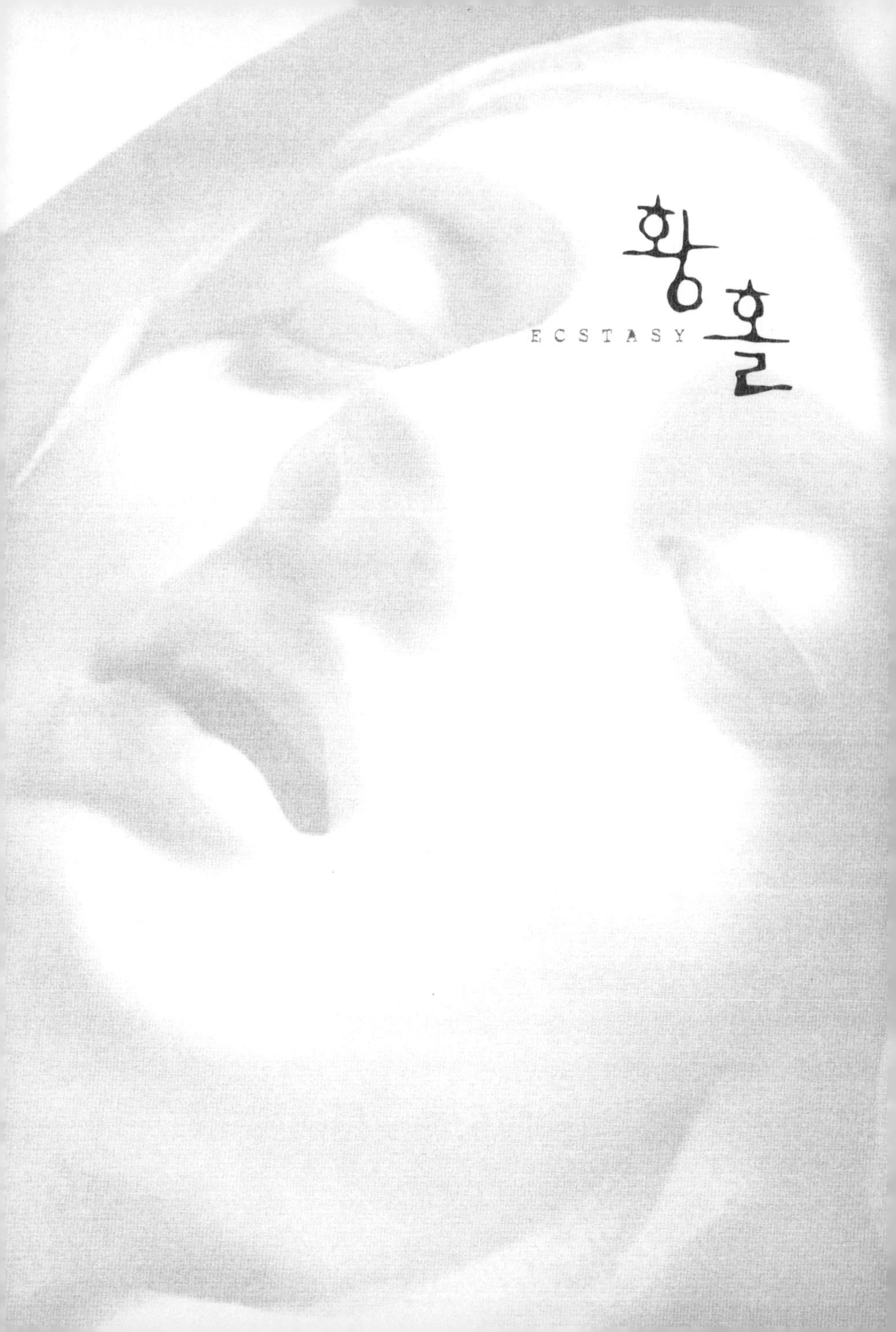

황홀

ECSTASY

황홀은 우리 심성의 핵심이자, 삶의 중심이다. 이는 신과 영혼의 합치를 위해 따로 남겨진 것이 아니다. 비록 그곳에서 시작해서 그곳에서 끝나지만 말이다. 황홀은 우리 온몸에 가득하다. 피부 안팎에, 장기들의 고동 속에, 감각 속에, 감촉 속에, 청각과 시각 속에 몸의 움직임과 근육 속에, 점막과 숨과 피의 흐름 속에.

성경에서 신은 이스라엘 사람들에게 동물의 피를 먹지 말라고 명한다. 영혼은 피 속을 흐르기 때문이다. 황홀은 피 속에 있다.

피 흐르는 황홀은 끔찍할 수 있다. 섹스의 황홀뿐 아니라 살인의 황홀, 공포와 분노의 황홀 또한 말이다. 몸에 상처를 내어 자신의 피를 보고, 만지고, 맛보아야 하는 환자들이 있다. 그들은 현실감이 아니라 황홀감을 느끼기 위해서 그렇게 한다. 황홀의 흐름에 접촉하기 위해 다른 사람에게 상처를 입혀야 하는 사람들도 있다.

피와 영혼 그리고 황홀 사이의 결속은 참으로 오래되었다. 사냥꾼과 사냥당하는 동물들을 그린 동굴 그림 속에서도 이를 감지할 수 있다. 이 정교하고 감질나며 숨을 멈추게 할 정도로 강렬한 사냥의 아름다움, 죽음과 삶이 서로 먹고 먹히는 것이 바로 사냥의 영혼이다. 사냥에 담긴 이 힘의 감각이 뒤틀리면 바로 나치식 산술이 보여주는 광란이 등장한다. 고양되는 전율, 마비, 그리고 박멸이라는 황홀, 피와 영혼을 단단히 결합시킨 미국의 시민전쟁도 있었다. 주들states 사이의 전쟁, 정치경제학적 지리 뿐 아니라 마음 상태states 사이의 전쟁 등이 그러하다.

피와 영혼으로 계약을 맺으라. 신과 아브라함은 그렇게 했다. 모든 성적 감각은 신을 상기시킨다. 그렇다, 신은 피의 영혼 속에, 박동 속에 존재한다. D.H. 로렌스의 성욕으로 가득한 피의 신, 밤의 신들은 낮으로 스며든다.

우리는 황홀을 발견하기 위해 누구를 다치게 할 필요도, 죽일 필요도 없다. 파스칼의 경우, 유명한 커피 한 잔이 불의 하느님God of Fire을 분출케 했다. 계시도 아니고 감정의 북받침도 아닌, 우리를 변모시키는 환희.

아브라함의, 이삭의, 야곱의 하느님[5], 커피의 요정, 밤의 점화.

모든 힌두교도들과 불교도들은 앉아있고, 앉아있고, 앉아있다. 부동의 황홀.

이때는 손가락을 들어 올릴 필요도 없고, 거의 숨 쉴 필요조차 없다.

한 무리의 학생이 밤새 신에 대해서 이야기를 나누었다. 날이 밝았고 다시 밤이 되었다. 그렇게 몇 달이, 몇 년이 흘렀다. 그 학생들 중 몇몇은 생계를 꾸려나갈 수 없었다. 오로지 책을 읽고 생각을

역주 5) 이 구절은 출애굽기 3장의 구절이자, 파스칼이 서른한 살 때 누이의 수도원에서 신비체험을 한 후 적어놓고 죽을 때까지 옷에 꿰매어 간직한 메모의 일부이다.

하고 명상을 했다. 이윽고 대화와 생각이 서서히 사라져 갔다. 그들은 밤낮으로 앉아있었고 신을 느꼈다. 그리고 황홀의 중심을 발견했다. 그들은 주위로 다가갔다. 광휘가 빛나고 선명하게 타올랐다. 그 외에는 아무것도 없었다. 몇몇은 굶어 죽었다. 그들은 황홀의 중심이 되었지만 그뿐이었다. 그리고 몇몇은 시인 과학자 사업가가 되었다. 몇몇은 학생으로 남아 위태롭게 살아남았다.

인간의 정신이 호랑이의 영혼을 살찌운다. "호랑이여, 호랑이여 환하게 타올라라"[6] 포식자인 신이 정신의 먹이가 된다. 우리는 신을 먹고, 신은 우리를 게걸스레 삼킨다. 정신적 식인종인 우리는 서로에게서 힘과 미덕을 얻는다. 한 사람 속에 있는 모든 종류의 영혼이 우리에게 닿는다. 우리는 서로의 정신을 받아들여 이러저러한 기질 혹은 능력이라는 뼈를 추려낸다.

어머니는 아기를 위해 무엇을 하는가? 공기를 공급하듯 느낌들을 제공한다. 아기가 스스로를 느낄 수 있도록. 아기는 느낌으로 가득한 대기 속에서 살아간다. 어떤 웃음, 어떤 접촉, 그리고 끊임없는 느낌의 흐름들. 보이는 모든 것은 보이지 않는다. 아기는 무한

역주6) 윌리엄 블레이크의 시 <호랑이the Tiger>의 첫 구절.

한 비가시성, 보이지 않는 느낌들 속에서 살아간다. 어머니의 얼굴은 보이는 무한이 될 수 있다.

어떤 아기들은 호랑이로 변한다.

호랑이가 늙으면, 그 영혼이 손뼉을 치며 노래를 부른다.

프로이트의 작업은 황홀의 노래다. 황홀하면서 동시에 황홀을 거부하는.

태초에 혼돈스러운 감각의 흐름과 쾌락의 흐름이 있고, 정확하게 어딘지 알 수 없는 고통의 지점이 있다. 태초에, '쾌락의 나 pleasure I', 즉 쾌락으로 가득한 나는 오로지 쾌락만을 원한다. 불의 순간[7]이 결코 스러지지 않기를 바랐던 파스칼처럼, 그렇게 항상 쾌락만을. 태초에 자기애적인 나는 감각의 흐름을 (어느 정도) 통합한다. '쾌락 나'는 고통을 차단한다. '느끼는 나 I-feeling'는 오로지 기분 좋은, 행복한, 쾌락적인, 짜릿한, 기쁜, 그리고 황홀한 느낌과 동일시하려고 한다.

이제 쾌락과 전체성을 환각적으로 지어내는 능력이 조금씩 자라난다. 이것이 프로이트의 환각적 환상, 상상적 환영이다. 아기는

역주 7) 파스칼의 신비 체험을 가리킨다.

젖가슴이 사라졌을 때 젖가슴의 환각을 일으키고, 고통스러울 때 만족의 환각을 일으켜내는 것이다.

'위대한 신-나Great God-I'는 감각 흐름의 중심이 되어(내가 감각하고, 내가 느끼고, 내가 생각한다) 율법을 도입하여 고통을 소멸시키려 하고, 바깥으로 내몰고, 외부 공간으로 사라지게 하려고 노력한다. 이중의 운동이 있다? (1)나는 팽창하고 전유專有, appropriate한다. (2)나는 욕망하던 영토(쾌락)를 합병하고 나쁜 것(고통)을 내던진다. 감각이 일어나는데, 내게 일어난다 : 내가 감각한다. 느낌이 일어나는데, 내게 일어난다: 내가 느낀다. 생각이 일어나는데, 내게 일어난다: 내가 생각한다. 정신 확대기psychic magnifying machine가 나를, 그리고 내 안의 것들을 확대한다.

처음에는 환각이 인식이고, 소망이 현실이며, 쾌락은 고통을 이긴다. 이것이 어떻게 가능한가? 나는 좋았던 순간의 기억을 찾아내고 배불리 먹었던 순간을 기억하며, 이를 확대해서 괴로운 순간을 좋은 순간으로 대체한다. 그리고 이는 영원히 지속된다. 나-그것I-it[8]은 산다는 건 좋은 느낌이고 이 느낌이 바로 존재라고 결연히 주장한다. 배고픈 아기는 풍성한 젖을 환각해낸다. 사막에서 물을 보듯이. 좋았던 기억이 무한하게 확장되면서 현재의 고난을

역주 8) 여기서 그것it은 프로이트의 id를 가리킨다. 프로이트의 Es를 영어로 번역하면서 스트레이치는 이드id라는 라틴어를 가져왔다. 그러나 프로이트는 처음부터 일상어에서 '그것'을 가리킬 때 쓰이는 Es라는 단어를 썼다.

대체하고 현재 자체가 된다. 하나의 지우개처럼 고통을 지우는 지우개. 현재present를 지워 없애버리는 선물present.

괜찮았던 한 끼가 완벽한 한 끼, 행복한 순간이 된다. 정신 확대-무한화 기계psychic magnifier-infinitizer가 변변치 않은 것을 거룩한 것으로 바꾸어 놓는다. 아기는 잠시 동안 스스로를 행복하게 만드는 법을 배운다. 그러나 모든 거룩한 것들은 무한히 지속될 수 없다. 그렇게 신성은 악마로 변한다.

우리는 어떻게 환각을 일으키지 않는 능력을 발달시키는 것일까? 어떻게 소망을 넘어 현실을 지각하고 현재의 난관을 대면할 결심을 하게 되는 것일까? 부분적으로 이는 고통에게 자리를 마련해 줌으로써 가능하다.

문제 : 황홀은 확대된 쾌락이 아니다. 또한 고통이 확대된 것이 지옥도 아니다. 황홀과 지옥(또한 황홀한 지옥과 지옥 같은 황홀) 속에서 자라는 아기는 쾌락과 고통 속의 아기와 같지 않다.

모든 사람은 일종의 전문가이다. 우리는 자기가 지닌 수많은 가능성 중 아주 일부밖에 살아내지 못한다. 한 사람에게 얼마나 많은 면이 존재하든 간에, 될 수 있는 사람이 다 될 수는 없는 법이다. 우리는 절대 모든 면을 실현할 수 없다. '하나가 전체가 되는 순간

One = All'은 중요하다. 그러한 순간은 일생 동안 지속되는 흔적을 남긴다. 하나가 전체가 되는 순간은 우리 삶을 든든하게 받쳐주지만, 살아가는 데 결핍은 꼭 필요하다. 결핍 덕에 우리는 유토피아적 이상주의에 빠져들지 않을 수 있다. 완전히 벗어날 수는 없더라도 말이다.

빌헬름 라이히는 정신psyche이란 단어를 문자 그대로 해석했다[9]. 최소한 그에게 생의 에너지와 육체는 실재였다. 감각의 물결이 생을 재촉하고 우리는 삶이란 물결에 맞서 자신을 무장한다. 성격이 잔뜩 긴장한 근육과 비슷해지는 경우가 있다. 감각의 물결에 대한 방패가 되는 것이다. 성격은 갑옷이다. 성격 갑옷 ⟷ 신체 갑옷. 삶에 대해, 그리고 자신에 대해 스스로를 방어하지 못한다면 우리는 죽을 것이다. 우리는 성격을 바짝 조여야 살 수 있다. 그렇게 몸을 긴장시키면서, 우리 자신을 쥐어짜면서.

라이히는 오르가즘을 아주 중요하게 생각했다. 수많은 자기-조임self-tightening은 오르가즘에 대한 방어이다. 강렬함을 대면할 때 우리는 바짝 긴장한다. 갑옷 대 오르가즘. 비열함은 부적절한 오르가즘이다. 오르가즘에 도달할 때 우리는 더 나은 사람이 된다. 그리고 더 나은 사람이 되면 더 많은 오르가즘에 도달할 수 있다. 조현병 환자와 나치는 모두 부적절한 오르가즘을 느낀다는 공통점이

역주 9) psyche는 그리스어로 "불다to blow"는 뜻의 동사에서 유래하였으며, "숨쉬는 생명life in the sense of breath" 란 뜻을 지녔다.

있다. 그들은 대안적인 오르가즘을 찾는다. 즉, 광기와 살인을. 신비주의 역시 일종의 오르가즘이다. 성격은 적의敵意다. 오르가즘은 사랑이다. 오르가즘이 열리면 결핍이 전복된다.

나는 육체에 오르가즘을 감당할 책임이 있다고 생각하지는 않는다. 오히려 몸의 윤리를 탐색하고, 더 나아가 윤리가 몸속에 자리 잡게 하는 것이 좋겠다. 윤리와 오르가즘, 몸의 윤리, 영혼의 오르가즘. 공간-시간-무한의 다양한 조합.

그렇더라도 결핍은 계속된다. 누군가는 완벽한 오르가즘을 찾고 누군가는 완벽한 결핍을 원한다. 음식이 허기를 가시게 하듯, 결핍을 치유하기 위해 오르가즘을 기다려야 할까? 허기는 끝없이 새로워진다. 오르가즘은 끝없이 새로 일어난다. 둘은 비슷하지만, 좋은 한 끼 식사와 오르가즘을 느끼는 능력은 전혀 닮은 구석이 없다.

좋은 꿈은 때로 이 둘보다 낫다.

예언자들은 성기의 오르가즘보다 마음을 여는 일에 대해서 이야기했다. 성기의 오르가즘 따위는 당연하게 여겼던 것 같다. 그들에게 있어 마음을 여는 것은 일종의 오르가즘이었거나 최소한 오르가즘의 속성을 지니고 있었다. 오르가즘은 마음을 여는 일의 일부였던 것이다.

도덕주의자라면 오르가즘은 마음을 열면 부산물로 따라오는 것이라고 이야기할지도 모르겠다. 일종의 이차적 보상인 것이다. 마음을 연다는 것 자체가 오르가즘보다 더 중요하다. 개방 자체가 이미 보상이다. 그렇다면 윤리적 개방은 마음의 할례일 것이다. 진정한 희생은 동물을 바치는 것이 아니다. 이는 스스로를 바치는 것이고 타자에게, 가난한 이들에게, 외로운 이들에게, 결핍으로 고통받는 이들에게 마음을 여는 것이다. 우리는 타자의 결핍에 마음을 연다. 정의와 자비는 결핍에 대한 온정 넘치는 반응인 것이다.

오르가즘은 우리를 잘못된 곳으로 인도할 수 있다. 권력의 오르가즘, 백만장자의 오르가즘, 부자가 되는 오르가즘, 우상숭배의 오르가즘, 신의 오르가즘, 야망의 오르가즘, 자신을 위한 황홀은 타인에 대한 잔혹 행위다. 사회 전체가 즉각적인 오르가즘 같은 것만을 즐기면서 아무도 여기에서 빠져 나오지 못한다면? 아무도 빠져 나오지 못한다니… 참으로 이상하고 부자연스러운 생각이다. '아무도 빠져나오지 못한다'… 이는 어쩌면 우리 시대에 대한 신의 메시지인지도 모른다.

우리 시대처럼 세상에 부자가 많았던 적이 있었나? 미국 한 나라에 있는 부자들만 세어도 유사 이래 한 시대에 살았던 세계 전체의 부자들보다 많을 것이다. 가난한 이들이 이보다 더 잘산 적이 있었나? 나는 길에서 거지에게 일 달러 이십오 센트를 준다. 그보다 적게는 주지 못한다. 이보다 적게 주면 이제 고맙다는 이야기도 못 듣는다.

자아는 이드에게 있어 최초의 사랑 대상이며, 그 자체로서 스스로의 이상적 자아다. 자아 혹은 '나'란 참으로 놀라워서, 이렇게 처음부터 마구 부풀어 오른다. 파울 페데른이 프로이트의 논지를 더 확장하여 초기 자아를 경계가 없는 '우주적 나cosmic I'로 간주했다는 것은 어찌보면 당연한 일이다. 성적 에너지의 흐름이 '느끼는 나'를 먹여 기른다. 느끼는 나는 완벽을 느낀다. 그 후엔 모든 게 일종의 몰락에 불과할까? 박동하면서 그 존재 자체만으로 태양처럼 황홀한 빛을 내뿜는 나. 프로이트는 이처럼 이른 시기에는 나의 경계가 세상 모든 존재의 경계이기도 하다고 이야기했다. 하나 = 전체.

이러한 원초적이고 황홀하고 무한한 나는 삶의 진실들facts of life과 충돌하지 않을 수 없다. 그 무한하던 '느끼는 나'가 고통을 대면하고 수축하기 시작한다. 이렇게 한계와 타협하는 과정에서 처음보다 작은 '나'가 형성된다. 우주적 나 그리고 현실적인 나. 일생 동안 이 쌍둥이들이 힘을 합쳐 어떤 일을 해낼까?

'나'는 무척 강조된다. 너무도 많은 일들이 순식간에 일어난다. 프로이트의 작업은 서로 뒤섞이고, 다투고, 하나로 뭉쳤다가, 다시 갈라서고, 그렇게 가능한 모든 방식으로 혼합되는 수많은 흐름들로 충만하다. 외부 세계는 자폐적 자기 상태를, 하나의 알 혹은 자가 독립 에너지 체계로서의 나 혹은 자기를 침범한다. 알은 밀고 나가려는 내적 힘에 의해서뿐 아니라, 외부의 침입 때문에 깨어진다. 외부 자체가, 닫힌계 밖의 생명이 침입하는 것이다. 닫힌계 밖에는 항상 생명이 존재한다. 하나의 체계가 완전히 닫힌 게 아니라는 것을 – 비록 완전히 열려있는 것도 아니지만 – 깨닫기 위해서 얼마나 많은 운석이 충돌해야 할까?

나라는 느낌은 어떻게 확장하여 너라는 느낌을 끌어안을 수 있을까?

이제 나는 너와 나 사이의 틈을 인식하기 시작한다. 그 틈은 실제로 존재하기 때문이다. 만약 배가 고픈데 젖이 없다면, 어느 정도 기간 동안은 젖을 빠는 환각을 일으킬 수 있을 것이다. 그렇지만 조만간에, 나로서는 어쩔 수 없는 부분이 있다는 것을 인정하지 않을 수 없다.

우리는 결국 울음을 터트리고, 그러면 엄마가 올 것이다. 그런데 어떨 때는 충분히 빨리 오지 못한다. 시간이 나와 타인을 갈라놓는다. 일단 젖꼭지를 물고 젖이 흘러나오기 시작하면 전체성의 감각, 하나라는 느낌이 회복되지만, 완전히 회복되는 것은 아니며, 이제 전과 같을 수 없다. 시간이 지나면서 우리는 타자가 되돌아온다는 사실에 감사하게 된다. 나를 완성시켜주는 사람, 나를 채워주는, 나의 일부이지만 내가 아닌 타자.

전체성 혹은 완벽에 대한 감각에 하나의 결핍이, 어떤 '없음not'이 스며든다. 방금 전까지만 해도 없음이 있었다. 젖이 없었고, 엄마가 없었고, 나를 채워주는 사람이 없었고, 내 바람을 실현시켜주는 사람이 없었다. 그런데 이제 다시 전체가 존재한다. 맛있는 것을 먹었고, 평화스럽다. 이 절대적 좋음. 당신은 내게 바로 이 전체이다. 내게는 당신이 바로 그것It 이다.

나의 광휘 그리고 너의 광휘, 서로 경쟁하고 보완하는 빛들.

나의 황홀과 너의 황홀, 서로의 안팎에서 울려 퍼지며 파문을 일으키는.

세월이 흘러가면서 모든 것이 뒤집힌다. 고대 사람들은 신, 일자一者, 전체, 그리고 타락에 대한 차단된 기억이 우리의 무의식을 이루고 있다고 생각했다. 우리는 기원을 잊는 경향이 있다. 무의식을 향한 여행은 그러므로 신을 향한 움직임이다.

우리가 잊은 것은 아래sub가 아니라 위supra다. 세계 너머, 영혼 너머, 전체영혼All-Soul. 우리는 저열한 것으로 가득차서 숭고한 것과의 접촉을 잃어버리곤 한다. 야망, 열정, 욕망, 살려는 근심, 나약함으로 가득해서 신은 우리 시야에서 천천히 사라져 버린다. 신이 주신, 신에게 닿는 도구는 무의식 속에 가라앉아 있다. 우리는 이를 거의 활용하지 못하며 종종 오용하기까지 한다.

고대적 관점에서 신은 지성intellect을 통해 매개되었다. 오로지 신에게 속하는 수준의 지성이 있었고, 신 바로 아래, 그리고 우리 바로 위에 속하는 지성이 있었다. 우리 안에도 신의 흔적을 품은 지성의 다양한 층위가 있어서 이를 통해 이성적 사고가 가능했다. 그럼에도 신이 지성 자체는 아니었는데, 아무리 아는 자와 알려지는 대상이 하나라고 할지라도 지성은 차이를 전제하기 때문이다.

신은 생각할 필요가 없다. 신은 사고를 넘어서며, 차이와 한계를 넘어선다. 그러나 지성과 이성은 그 너머로 가는 일종의 사다리가 될 수 있다.

그러므로 '신의 지성'은 부적절한 표현이다. 그러나 이는 신성한 계획, 신의 섭리, 자기충족성 및 자기완결성과 연관되어 있다. 우리가 지닌 고도의 능력, 즉 마음끼리의 만남을 통해서 우리는 신을 맛본다. 그리고 우리의 고차적 능력은 대부분이 무의식적이다. 우리는 이를 거의 활용하지 못하고 더 하위의 능력들만을 쓴다. 그러나 조금씩 이성을 되살릴 수 있을 것이고 다시 상승을 시작할 수 있을 것이다. 우리의 지성은 신의 지성과 접촉할 수 있을 것이고, 우주의 계획을 감지할 수 있을 것이다. 조금 더 정확하게 표현해 본다면, 신 밑의 지성이 우리에게 심어놓은 이성을 일별할 수 있을 것이다. 우리가 보고 사용할 수 있도록 본성이 허락해준 이성 혹은 지성을.

이성의 회복과 실천을 통해 이 과정을 활성화시킬 수 있을 것이다. 그러나 이것만으로는 부족하다. 결국 우리는 신을 알 수 없다. 신, 즉 일자는 앎을 넘어서며 이원성을 포괄하고 있기 때문이다. 최종적으로 우리를 신에게 데려가는 것은 바로 어떤 황홀 상태이다. 우리는 이런 일이 어떻게 이루어지는지 알지 못한다. 우리는 그곳으로 끌려들어가는 느낌을 받으며, 신에게 '잠겨든다' 라든지, 신과 '융합된다' 라든지, 신으로 '채워진다'와 같은 암시적 표현을 쓸 수 있을 뿐이다. 우리는 망각으로 포화되는 것이 아니라, 신으로 채워진다. 그 순간 세계를, 삶을, 열정과 야망을 모두 잊는다. 오로지 신뿐이다. 우리는 무의식을 안에서 밖으로 뒤집고, 그리하여 헤아릴 수 없는 곳에 도달한다.

그러나 무의식은 다시 시작된다. 열정과 충동, 잃어버린 세계 – 숭고한 동시에 저열한 – 로 가득 채워진 채.

어떻게 황홀을 통해 신에 닿을 수 있을까?

플로티누스는 "모든 것을 잘라내어라cut away"고 충고했다.

모든 것을 잘라내고 난 후에야 모든 것과 연결되어 있음을 깨달을 수 있다. 플로티누스는 말했다. "우리는 잘려나오지 않았다. 우리는 분리된 존재가 아니다." 우리는 삶을 노래한다, "신으로 가득한 합창곡을."

플로티누스는 신이 영원히 변치 않는 휴식이며 평안이라고, 그리하여 우리는 신 안에서 쉰다고 이야기했다. 우리는 '편히 쉬소서Rest in peace'라고 말하곤 한다. 프로이트는 열반을 죽음과 연관지었다.

쉼없는 우리에게, 끊임없이 스스로를 세상에서 끊어내는 우리에게 휴식이라고?

영혼 대신 몸을 잘라 상처를 내는 사람들은 잘못된 길을 가고 있는 것일까? 칼날은 쇠로는 닿을 수 없는 무언가를 원한다. 피를 볼 때 그들은 잠시 형언할 수 없는 무언가를 느끼는 것일까? 그 피 속에 영혼이 있을까? 어쩌면 그들은 몸, 바로 피 흐르는 몸이 바로 황홀로 가는 관문이라고 화내며 주장하고 있는 것인지도 모른다. 몸이 없으면, 황홀도 없는 것이다.

스스로의 몸에 상처를 내는 사람은 아주 완고하다. 그들은 우리에게 몸을 들이대면서, 자신의 몸이 실재라는 것을 보여주려 한다. 플로티누스가 말했듯, 아무것도 남겨두지 말라. 플로티누스가 신을 기억하기 위해서 자아를 잘라냈듯, 그들은 몸을 기억하기 위해서 스스로를 잘라 상처를 낸다. 우리가 절대로 잊지 못하도록, 피 흐르는 수치를 보여준다. 피 흐르는 공포를 보여준다. 자신에게 피가 있다는 것을, 신에게도 피가 흐른다는 것을 증명하기 위해서 스스로의 몸을 자른다. 그들은 피가 엉겨붙을 정도로 무시무시한 경험을 겪어내지만, 그 피는 여전히 따듯하다. 어쩌면 우리는 피가 있다는 것을 증명하여 삶을 따듯하게 만들기 위해 피를 쏟아야 하는 것일까?

피는 얼어붙고 엉겨붙는다. 우리는 따듯한 피가 다시 흐르기를 원한다.

순간의 평화를 위해 우리는 스스로를, 그리고 서로서로를 잘라

낸다. 신적 지점God point에 도달하기 위해 모든 것을 잘라낸다. 휴식의 신, 불의 신. 플로티누스와 파스칼 사이에서, 그들을 넘어서. 피 흐르는 신들, 피 흐르는 몸들.

플로티누스는 아주 현실적인 문제에 대해 숙고했다. 우리는 휴식의 순간을, 영혼이 안식하는 지점을 찾을 수 있다. 우리는 신 안에 살 수 있다. 오로지 선하며 '모든 악에서 벗어난 영혼의 평화이자 어떤 부정도 없는 단 하나의 피난처' 인 신 안에서.

이는 우리의 더 높은 영혼을 통해, 더 높은 원리를 통해 가능하다. 그러나 그 후에는 이 또한 잘라내 버려야 한다. 악덕뿐 아니라 미덕까지도 떨어져 나간다. 벌거벗은 영혼과 벌거벗은 영혼의 만남. 영혼 자체가 불필요한 순간에 이르기까지.

우리는 일상 속에 바로 이 휴식 지점을 도입할 수 있다. 이는 삶을 더 낫게 만든다.

너무도 자주, 휴식 지점을 삶 속으로 가져오려는 노력이 분노에 불을 붙인다. 내가 같이 작업했던 수많은 명상가와 기도자들은 화를 참으로 잘 내는 사람들이었다. 신은 정적을 깨트리는 사람, 평화를 흩트리는 사람을 돕는다! 일단 존재의 중심에서 평화를 맛보면, 사랑하던 것들이 다 이 평화를 방해한다는 것을 깨닫게 된다.

우리를 자극하는 것들이 늘어난다. 아이들, 배우자, 같이 일하는 사람들... 신의 평화와 실제 사람들 사이의 간극은 도저히 메꿀 수 없어 보인다. 너무도 자주, 평화에 대한 갈망이 폭력을 증가시킨다.

종교의 핵심에서 형성되는 이미지는 폭력적이다. 평화의 왕자인 예수 그리스도의 이미지에도 폭력적 중핵이 있다. 예수는 영혼의 검을 들고 오셨으며, 그 육체는 죽임을 당하셨다. 천국의 평화는 아마도 지상에서는 불가능할 것이다. 지상에는 고통이 있다. 죽어가면서 솟아오르는 신이자 인간. 죽음이 있는 곳에 삶이 존재토록 하라. 이는 프로이트의 환각적 요소이기도 하다. 승리가 패배를, 젖이 공허를, 선이 악을, 평화가 고통을 대체하도록 하라.

신의 분노와 결부된 모세의 율법은 수많은 사람들을 죽였다. 사람들이 율법을 어겼다. 그들에게는 믿음이 없었다. 그들은 멍에를 질 수 없었다. 그럴 소양이, 능력이, 의지가, 욕망이 없었다. 그러나 그들 속 무언가가 진실로 어떤 믿음을 가지고 있었고, 어떤 자취를, 겨자씨를 가지고 있었다. 신과 율법과 은총과 자비에 대한 욕망이 있었다. 신은 녹여버린 송아지 속에, 그 고통받는 수소[10] 속에 있었다.

역주 10) 출애굽기 32장에서 사람들은 금고리를 모아 수송아지 신상을 만든다. 그리고 모세는 이를 불에 태운다.

플로티누스의 사유 속에는 파시즘적 요소가 있다. 만약 더 높은 것에 대한 사랑이 존재한다면, 더 낮은 것에 대한 사랑도 존재하지 않을까? 아름다움에 대한 사랑이 있다면 추한 것에 대한 사랑은? 건강에 대한 사랑이 있다면 질병에 대한 사랑은?

예언자의 메시지에는 또 다른 울림이 있다. 이는 버려진 것들, 짓이겨진 것들, 희생자들, 상처받은 이들, 약한 자들, 아픈 사람들, 정신적 충격을 받은 사람들을 향한다.

플로티누스는 궁극적으로 선에 대한 사랑을 향한다. 선의 비전. 예언자의 선 속에는 배재된 자들과 힘없는 자들이 담겨 있다. 무하마드 알리처럼 비전으로 가득한 플로티누스가 고름 흐르는 수척한 아이를 껴안는다. 평온의 신[11)]이 삶에 모욕당한 아이를 껴안을 수 있을까? 예언자의 선은 우리 얼굴에 육체를, 저 피 흐르는 몸을 들이민다. 예언자의 선은 쓰라림으로 가득한 우리 가슴에 기쁨을 넣어준다.

그리하여 연민이 태어날 것이다. 그러나 정당한 분노 역시 솟아 넘친다. 분노가, 아직은 잡아당기지 않은 이 활이 누구를 향할지

역주 11) 플로티누스를 가리킨다.

누가 알랴? 큐피트의 화살은 사랑으로 우리를 강타한다. 분노에도 비슷한 이미지가 있어야 한다.

내가 플로티누스를 부당하게 해석한 것일까? 플로티누스는 신체적 미추美醜에 대해서 이야기한 것이 아니다. 아름다운 육체가 볼품없는 영혼을 담고 있을 수 있으며, 반대로 추한 육체 속에 아름다운 영혼이 있을 수도 있다. 그는 지적 아름다움에 대해서 이야기했다. 마음의 아름다움에 대해서. 신에게 가는 통로인 지성은 아름다움을 매개한다.

지성=더 높은 것. 감각, 느낌, 상상=더 낮은 것. 위-아래. 지배하고-지배당하기. 플로티누스가 생각지 못했던 다른 단어들을 위계 속에 대입해 보는 것은 어렵지 않다. 가진 자와 못가진 자. 최고인 자와 최악인 자. 교육 받은 자와 무지한 자. 유명인과 무명인. 축복받은 자와 축복하는 자. 부자와 빈자. 성공한 자와 성공하지 못한 자.

시편의 노래는 신이 성性에 기반하고 있다고 이야기한다. 시편에서 이런 이야기를 기대했을 리 만무하나, 시편은 너무도 아름답게 성에 대해 노래한다.

예언자들은 가난한 자에게, 빈궁한 자에게, 바닥에 처한 자에게, 낮은 자에게 마음을 열어야 한다고 가르친다. 신은 거기에 있다. 단순히 마음을 여는 데 그치지 말고, 손을 내밀어 그들을 도와야 한다. '적선handout'이라는 꼴사나운 단어는 높은 자들의 냉소적 편견을, 경멸을 담고 있다.

플로티누스가 말한 휴식의 황홀, 지적인 황홀을 잃지 말자. 플로티누스는 인간의 가능성을 확장했다. 왜 이를 다시 빼앗는가? 왜 뭔가를 더하기 위해 뭔가를 없애야 하나?

우리는 신을 심장과 마음의 연결 속에서 찾을 수 있다. 그리고 심장과 손의 연결과 심장과 성기의 연결 속에서. 우리는 인간됨에 대해 탐색하고 있다. 폄하하고 모욕할 것은 하나도 없다.

정신분석은 배제된 자들을 위한 목소리이다. 정신분석은 "공식적" 자기에서 버려진 것들을 탐색한다. 꿈작업, 열정, 모순, 역설, 반어, 갈등들을.

정신분석은 신이 너무도 많은 것들을 배제하고 있다고 탄핵한다. 정신분석은 고상한 철학의 엉덩이를 걷어찬다. 고상한 철학의 위상은 이미 추락하고 있다. 변증법적 이상주의에서 변증법적 유물론으로. 프로이트는 플라톤적인 요소를 지닌 정신적 유물론자, 일종의 유물론적 플라톤주의자이다. 끊임없는 재조합의 시대가 도래했다. 새로운 요소들을 창조하는 시대. 모든 것이 다른 모든 것과 짝을 짓는다. 이제 낯선 것들의 탄생에 익숙해져야 한다.

모더니즘은 구성주의constructionism에서 시작했다. 홉스는 마음이 알 수 있는 것은 오직 마음이 만들어 낸 것뿐이라고 말했다. 칸트는 이성의 배후에 우리가 절대로 알 수 없는 현실이 있다는 것을 밝힘으로써 이성의 한계를 노정했다. 우리가 무엇을 알고 있든 이는 모두 뇌/마음이라는 정신신체 기관 및 운영체계를 통해서 매개되는 것이다. 우리는 스스로 만든 여과 체계를 통과할 수 있는 것만을 배운다.

구조를 넘어, 에너지는 어떤가? 정신 체계가 일정량의 폐쇄된 에너지로 작동한다면? 이 에너지가 기본적으로 성적이라면? 이 성적 에너지가 유동적이고 전기적으로 움직이면서 끝없이 그 형태를 바꾸고 그렇게 무한한 응축과 전치를 계속한다면? 그렇게 구조가 창조되고, 구조는 에너지를 통과시키면서 에너지의 형태를 바꾸어간다면? 그렇다면 분노는? 분노는 외부로 향한 죽음 충동인가, 아니면 성과 결탁한 생명 충동의 일부인가? 아니면 생을 휘몰아가는 힘의 일부, 목청껏 빽빽대는 아기의 울음, 고통의 목소리, 폭발하는 삶인가?

플라톤의 흰 말과 검은 말, 그리고 마차를 모는 사람[12]. 이드-

역주 12) 플라톤은 <파이드로스>에서 인간 영혼을 흰말(이성)과 검은 말(격정)이 이끄는 마차에 비유하고 있다.

자아-초자아 : 낮은 것-중간 것-높은 것, 바닥에서 위로 올라가기. 억압되고 방향전환된 바닥. 성은 모든 곳에 있다, 신 속에도. 성-분노는 모든 곳에 있다, 특히 신 속에, 확대된 나magnified I 속에, 현미경으로 확대하여 커다랗게 부푼 정신 속에. 성적이고 분노하는 신은 모든 곳에 있다. 그것-나-위의나it-I-superI[13] 속에.

고대적 삼위일체가 재정의되면서 그 안의 신성이 제거된다. 그렇지만 여전히 이성은 남아있다. 하지만 이제 이성은 우리를 신으로 이끌지 않는다. 실천적이고, 사회적이고, 과학적인 이성, 삶의 조건과 정신, 사회, 물질에 대한 이성만이 남았다. 일종의 진화하는 이성, 진화하는 나. 중용이 여기 있다. 긴장 가득한 갈등에 개입하여 타협하고 균형을 이루는 중용. 삐딱한 시선으로 세상을 바라보면서 위선을 짓밟는 성서적 규모의 분노. 우리가 세상에게 그리고 자신에게 내어놓는 것은 대부분 복잡한 세력, 분파, 파편, 결합, 가능성들로 구성된 무의식적 타협물이다. 열정이 이상 속에 둥지를 틀 때 혹은 이성이 권력에 몸을 팔 때, 우리는 뭔가를 깨달았다고 생각하곤 한다. 이렇게 이성 자체는 우리가 알지 못하고 이해할 수도 없는 작용들의 혼합물이다.

문화적 전통이 거꾸로 뒤집어지고 붕괴된다. 그리하여 자꾸 변

역주 13) 이드-자아-초자아를 의미한다. 프로이트는 처음 정신의 구조를 이론화하면서 es, Ich, uber-Ich라는 용어를 썼다. 이를 스트레이치가 영어로 변역하면서 id-ego-superego라는 라틴어를 가져왔고, 그러면서 프로이트의 자연스러운 일상어를 훼손시켰다. 프로이트의 용어를 그대로 영어로 번역하면 it, I, super I가 된다.

하는 콜라주[14]의 일부가 된다. '위기'란 우리가 삶이라고 부르는 이 정신착란 상태를 묘사하기에 적합한 용어이다. 어떤 고대인들은 인생을 꿈과 비교했다. 우리는 꿈작업이 우리가 알고 있는 대로의 삶을 구조화 하는 데 어떤 역할을 하고 있다고 느낀다.

하나의 눈이 버려진 것들에서 눈을 떼지 못한다. 이 새로운 눈은 우리가 더 주목하게 된 오래된 눈인가? 그동안 자라난 눈? 순간의 황홀 뒤에 버려진 것들을 바라보는 눈. 우리는 황홀이 배제한 것 때문에 황홀을 비난한다.

종종 버려진 것을 보는 눈 때문에 우리는 저속해진다. 하지도 않은 말 때문에 서로 다툰다. 다른 곳 출신이라고 싸운다. 동일성에 대한 무의식적 감각이 차이에 반응한다. 타자가 우리에게 속하지 않는다는 이유로 적이 된다. 타자는 동일성의 감각을 배제한다. 타자가 우리를 배제한다. 우리는 '우리' 속에 속하고자 투쟁하지만, 배제되어 있다고 느낄 필요가 있다 (그리고 그 역도 참이다).

우리는 적을 필요로 한다. 친구로서의 적을 말이다. 적 덕분에 우리는 잠시 정신적 안전에 대한 환상을 가질 수 있다. 적이 위험을 정의해주기 때문이다. 적은 황홀에 연료를 공급한다. 증오와 복수에 대한 탐닉. 그리고 너에게 맞서는 나에 대한 탐닉. 약자를 누르는 정의로운 강자에 대한 탐닉. 배제된 적은 이렇게 전사戰士-희생

역주 14) 색종이나 사진 등의 조각들을 붙여 그림을 만드는 미술 기법.

자의 황홀, 속박의 황홀, 가피학적 황홀의 중핵이 된다. 맞서 투쟁하는 외부를 격노하는 존재의 중심에 가져다 놓는 것이다.

정신분석은 묻는다, "이 황홀 속에는 무엇이 있는가?". 정신분석적 황홀은 말한다, "보고 싶다" 혹은 어쩌면, "어디 한 번 보자"라고.

"어디에 있는가?" 라고 신은 아담에게 물었다. "숨어 있습니다", 아담이 대답했다. 이렇게 보여지고 알려지는 일에 대한 환상이 존속되고 있다.

말년에, 플로티누스의 다리와 몸통의 열린 상처에서는 고름이 흘러나왔다. 그는 사람들을 모두 물리쳤다. 한 때 낭랑하던 목소리는 귀에 거슬리게 변했고 혐오스러워졌다. 그는 나병에 걸렸던 것 같다. 무하마드 알리는 나병 때문에 고름이 흐르는 아이를 끌어안았다. 플로티누스의 마지막 말은 신성과 하나되는 일에 대한 것이었다. 죽음의 순간 뱀 한 마리가 침대 곁에서 빠져나와 벽의 구멍을 통해 사라졌다.

한 번은 한 남자가 자신이 누군지 알지 못하고 죽을까 두려워 상담을 받으러 왔다. 심장병이 있었고 심장발작에서 깨어나 막 퇴원한 참이었다. 그는 직장에서도 큰 문제에 봉착해 있었다. 대학에서 상담원으로 일했는데, 젊은 남자를 유혹하곤 했고 이 일이 알려지자 일자리 역시 위태로워졌던 것이다. 그리고 심부전이 일어났다. 대폭발Explosion = 폭발explosion.

그는 이 문제로 치료를 받고 있다고 내가 대학에 편지를 써주었으면 하고 바랐다. 그리고 이 때문에 나는 편집적이 되었다. 나를 속이고 있는 것은 아닌가 의심했다. 자신을 찾고 싶다는 둥 하는 말들이 다 속임수이고 사실은 내 편지를 이용해서 일자리를 보존하고 싶은 것은 아닌가 싶었다. 삶에 대한 약속으로 젊은 남자들을 꼬셨듯, 정신분석에 대한 약속으로 나를 유혹하는 것은 아닐까.

그러나 그는 계속 왔다. 그는 작업했다. 점점 더 깊이 파고 들어갔다. 그는 시간에 쫓겼다. 화면을 빨리 돌리는 것처럼 정신분석이 진행되었다. 그는 과거력 속으로, 정신의 층 속으로, 삶과 존재의 심장과 영혼 속으로 파고 들어갔다. 치료의 황홀, 자기인식의 황홀이 젊은 남자와의 황홀을 대체했다. 마지막 달에는 우리 둘 다에게 별로 시간이 없었다. 직장을 잃을지도 모른다는 두려움만이 그 원동력은 아니었다. 시간 자체가 추진력이 되었다. 지금 아니면 결코.

평온하다고 느끼는 순간들이 있었다. 아마 플로티누스의 평온은 아니었을 것이고 신성한 일체 역시 아니었을 터이나 그렇다고 이로부터 완전히 동떨어진 것도 아니었다. 이는 비온이 말하는 '자기와 하나되는 감각'에 더 가까웠다. 그는 자신에 대해 그리고 삶에 대해 평화를 느꼈다. 처음으로 자신이 진정으로 정직하다고 느꼈다, 그의 '얼룩'(그는 이 단어를 썼다)이 허락하는 한 말이다. 그가 말하는 '얼룩'이 어떤 의미인지 설명하는 것은 쉽지 않다. 이 단어는 속이려는 습성, 어떤 정직을 통해서도 원상태로 되돌릴 수 없는 비틀림의 뉘앙스를 담고 있다. 그럼에도 불구하고 정직은 자라났고, 비뚤어진 자기를 압박했으며, 진실에 대한 갈망이 증가하면서 비틀림이 계속 존재하는 것은 점점 불가능하게 되었다. 비틀림이 존재하고 있음에도 불구하고 얼룩을 뚫고 진실한 무엇이 나타났다. 그리고 타자의 진실한 존재와 접촉했다. 처음으로 그는 타인이 자신을, 될 수 있는 한 가장 자기 자신인 존재를 듣고, 보고, 이해하고, 받아들이고, 사랑해 준다고 느꼈다. 나는 그가 그토록 친밀한 공간 속으로 나를 받아들인 것에 깊이 감동했다. 우리는 서로에게 감사했다.

어느 날 그는 검은 고양이가 지하실 창문 속으로 사라지는 꿈에 대해서 이야기했다. 그리고 그날 오후 지하철역으로 걸어들어가다가 죽었다.

한 남자가 찾아와서 죽기 전에 자신을 찾고 싶다고 말했다. 우리는 동갑이었다. 그는 이미 심박조율기를 달고 있었다. 자꾸 자신이 실패자라고 이야기했다. 실패한 자기에 매달려있는 것들의 모든 목록을 읊어댔다. 일에서 실패했고, 결혼에서도, 친구관계에서도, 자기 자신과의 관계에서도 실패했다고 했다. 그는 마음이 열려있고 충만한, 꽤 괜찮은 사람인 듯 보였다. 그러나 자신이 분노 속으로 날아들어가 사라져 버린다고 말했다. 자신이 여기에 없다고 했다. 그는 순간적인 분노를 통해 삶 속으로 홀연히 들어왔다가 나가버렸고, 오래 머물지 않았다.

"나는 내 인생 전체를 꾸며내고 조종하면서 쉬운 길만을 갔어요. 나는 항상 이겨왔어요. 사람들은 나를 믿었고, 사람들이 내게 돈을 쓰게 만드는 법을 알고 있었죠. 그렇지만 하나의 구멍이, 어떤 공허가 있어요. 나는 그 안으로 사라져버려요. 나는 나 자신을 부풀려요. 내가 중요하다는 생각으로 나를 채우고 모든 사람들에게 내가 인생보다 크다고 확신시키죠. 그렇게 스스로를 확신시켜요. 그런데 너무 커지다보니 내가 사라져버리고, 실수를 저지르고, 잘못된 판단을 하고, 모든 것을 잃어버렸어요. 마치 내가 생각했던 대로가 아니라는 것을 증명하려는 것처럼요. 내 가치와 능력과 성취를 부풀리는 것을 멈출 수가 없어요. 그리고는 추락하죠. 심지어 지금도 허풍을 떨고 있다는 것을 느껴요. 당신이 어떻게 반응하는지 지켜보면서 말이에요. 이 모든 것을 벗어던지고 싶어요. 나 자신과 접촉하고 싶어요. 나 자신과 접촉한다면, 무를 발견할 거예요."

나는 그가 나를 가지고 논다고 느꼈다. 그의 말이 의심스러웠고, "자신이 아무것도 아니라는 사람을 조심하라"는 농담에 대해서 생각했다. 그가 내 공감을 원한다는 것을, 나를 불쾌하게 할까 봐 두려워한다는 것을 알 수 있었다. 그러나 또한 가능한 한 거짓없이 솔직하려 한다는 것도 느낄 수 있었다. 그는 자신에게 붙잡혀 있었다. 자신이 친 덫에 걸려 빠져나올 수 없었고, 발견한 적도 없는 삶을 잃을까 봐 두려워했다. 나는 그의 상황이 주는 충격을 느끼며 마비된 채 아무 말 못하고 앉아 있었다. 그의 삶의 비틀림과 변천들을, 존재의 매듭과 미로 같은 혼란을 느끼며.

그는 자신을 부풀리는 것에 중독되어 있었다. 이는 추하게 뒤틀린 황홀이었지만, 그럼에도 여전히 일말의 천상 같은 느낌이 남아 있었다. 이 황홀의 거품은 항상 그 한가운데 구멍 때문에 터져버렸다. 나는 그가 말하는 실패와 무의 감각을 믿었다. 여전히 그가 이 느낌을 이용하는 것 같았지만 말이다. 그가 자신이 본 것을 말하기로 결심했다고 믿었다. 비록 보지 못하지만 말이다.

그는 자신의 무와 머무르기를 원했고 애초부터 이 무를 더 팽창시키기 위해서 무엇이든 할 거라는 사실을 내가 알아주기를 바랐다. 만났던 치료자들은 그가 무언가를 발견하는 것을 돕고자 했다. 무엇보다 그는 괜찮은 사람처럼 보였다. 명석하고, 따뜻하고, 사교적이고, 기분 좋게 만들어주고 싶은 사람이었다. 부당하게 스스로를 미워하고 있는 것처럼 보이는 사람이었다. 그러나 그가 정말 옳다면? 그 자리에 아무도 없다면?

그는 자신의 패를 모두 펼쳐놓았다. 자기팽창이 모든 것에 스며 있었다. 이를 치료하기 위해 무에 닿고 싶어했으나, 심지어 이마저 팽창시켰다. 스스로를 바라볼 때면 오로지 실패자를, 심지어 무가 되는 데도 실패한 사람을 보았다. 자기팽창에서 무를 벗겨내려고 했을 때, 그는 고통스러운 반무半無, seminothing 속으로 붕괴되었다. 못 견딜 정도로 괴로운 황홀의 기미를 띠는, 무지근하게 타오르는 비참. 이렇게 시큼한 황홀이 우울 속에 소화되지 못한 채 남아있었다. "나는 무도 제대로 될 수 없네요"라고 항상 이렇게 되뇌었다.

그는 거짓 속으로 빠져들었고 그에서 벗어날 수 없었다. 어느 쪽으로 움직이든 간에 거짓이 따라왔다. 거짓 속에서 살았다. 자신이 하나의 거짓이라는 사실에 그는 패배감을 느꼈다. 그는 무가 이 거짓들을 다 일소해주기를 희망했지만 무조차 거짓말을 한다는 사실에 경악했다. 자신을 없애버릴 수 없었고, 자신을 잃음으로써 자신을 찾을 수 없었다. 자기self가 모든 것에 들러붙어 있었다.

"아무 일도 일어나지 않네요"[15] 나는 더듬거리며 조심스레 말했다. "무가 되는 것은 어려워요. 팽창하는 것은 쉽지요. 팽창이 자연스러운 일이거든요." 놀리려는 의도는 없었으나, 내 말에는 지독하고 형편없는 유머가 담겨 있었다. 나는 이 사실을 곱씹지 않을 수 없었다. 거짓말을 하는 일에 대해서 그가 진실을 이야기하고 있다고 느꼈다. 자신이 비틀려있고 불구가 되어 있다고 느낀다는 것을 감지할 수 있었다. 홀가분해지고 싶은 열망을 느낄 수 있었다. 이는 성경이 하고 있는 말이기도 했다. "다리를 저는 자가 걷고 뒤틀린 자는 온전해질 것이다"[16]. 불가능성을 대면하고 있음에도 방 안 어딘가에 믿음이 있었다.

"만약 우리가 무를 찾는 데 실패한다면, 모든 것이 일종의 거짓말 같을 거예요"라고 나는 요약했다.

"모든 것이 정말 거짓이에요," 그는 즉각적으로 응수했다. 비통한 얼굴에서 눈물이 흘러내렸다.

잠시 동안, 나는 무언가를, 아주 미묘한 사실을 감지했다. 나는 그를 느꼈다. 바로 그가 실제로 이야기했다. 순간적으로 그가 뚜렷하게 출현했다. 그가 놀라는 것을 느꼈다. 순간적인 접촉 지점이었다. 한순간의 긴장된 평화였다.

역주 15) 원문에는 "Nothing takes practice"로 되어 있다. 맥락 상 "Nothing takes place"로 번역했다. 더 의역한다면 '무도 연습이 필요하죠' 혹은 '무를 연습하는 중이시죠' 로 바꿀 수 있겠다.

역주 16) 누가복음 7:22

내 안에서 말과 생각들이 형성되고 있다는 사실에 나는 탄식했다. 침묵이 더 낫다고 느꼈지만, 말이 만들어지고 있었다. "만약 당신이 충분히 오랫동안 진실하게 무일 수 있다면, 긍정할 수 있는 무언가가 자라날 거예요." 이런 생각을 하는 내가 미웠다. 극단적 낙천주의자들Pollyannaish[17)]이 어떻게 타락하는가. 말은 모든 것을 망친다. 결국 나는 다른 모든 치료자들, 모든 부모들과 다를 바 없었다. 뭔가를 이루어내고 싶었던 것이다. 나도 모르게 말이 밀고 나왔다.

"그랬으면 좋겠네요" 그가 말했다. 우리는 서로를 얼마 동안 바라보았다. 상당한 시간이 지난 후 그는 "선생님은 내가 되면 어떤 느낌일지 느끼고 계시네요"라고 말했다. "선생님은 나를 느끼고 있어요. 내 삶을 느끼고 있어요."

순식간에 들이닥치는 황홀 대신에, 순간의 정지.

무無인 우리 둘은 앉아 있었다. 아주 약간의 무엇을 즐기며.

베르트랑 레빈Bertram Lewin은 꿈 화면dream screen으로서의 젖가슴, 혹은 젖가슴으로서의 꿈 화면에 대해서 이야기했다. 그는 '구

역주 17) 엘리노어 H. 포터의 소설 <파레아나의 편지>의 주인공 Pollyanna에서 유래한 단어이다.

강적 삼자oral triad'에 대해서 서술했는데, 이는 바로 배고픈 아이가 젖을 충분히 먹고 만족을 느끼고 잠드는 것이다. 그리고 이때의 평화스러운 느낌은 꿈을 떠받치는 텅 빈 배경이 된다. 포만 = 무 = 모든 것. 꿈을 떠받치는 텅 빈 행복의 화면.

정신분석가들은 상징화의 발달을 촉진하는 기회로 좌절, 즉 어머니의 부재를 강조한다. 좌절이 있을 때, 즉 어머니가 없을 때 우리는 상징을 창조한다. 문자 그대로의 어머니 대신 상징적 어머니.

그러나 레빈의 젖가슴 = 꿈 화면 개념은 만족이 상징을 떠받치고 있다는 것을 시사한다. 이미지는 행복에서 탄생한다. 그리고 행복을 새로운 장소로 이끈다.

이미지는 고통뿐 아니라 황홀의 성쇠를 표현한다. 이미지는 같은 혹은 다른 종류의 강렬한 느낌들을 서로 연결시킨다.

텅 빈 젖가슴 대신 젖으로 가득한 젖가슴. 젖을 빤 후, 별 일 없다면 이 충만한 젖가슴은 꿈 생활 속에 모셔진다. 영원히 젖으로 가득한 젖가슴이 꿈을 떠받친다. 충만한 젖가슴, 충만한 배, 충만한 몸, 충만한 가슴, 충만한 마음. 삶을 떠받치는 젖가슴이 꿈을 탄생시킨다. 꿈은 영혼을 살찌우고, 정신을 먹여 살리고, 마음에 젖을 준다.

그렇지만 만약 일이 제대로 이루어지지 못한다면? 끔찍한 일이 일어난다면? 꿈 화면이 비틀리고warped 훼손된다면? 그러면 그 위에 비치는 것들 또한 모두 비틀리거나 훼손될 것이다. 꿈 화면이 일종의 블랙홀이거나 구멍들로 가득하다면? 그렇다면 우리는 꿈을 꿀 수 없을 것이다. 꿈들은 태어나기도 전에 꿈 화면 속으로 빨려들어갈 것이다. 혹은 손상된 채 나타날 것이다. 상처 입은 정신을 위한 상처 입은 꿈.

삶은 잔인하게도 우리를 감질나게 한다. 블랙홀의 황홀이, 훼손된 황홀이, 상처 입고 상처 주는 황홀이 존재하는 것이다. 그리고 이에는 사악한 상상과 사악한 꿈들이 담겨 있다. 황홀이 손상된 음조로 연주된다. 우리는 워프warp[18] 속에서 황홀에 닿기 위해 끊임없이 나아간다, 황홀을 더 고양시키기 위해 자꾸 단추를 눌러대면서. 비틀린 황홀을 상식常食하다 보면 이 워프를 원상으로 되돌릴 수 있을 것 같다는 감각이 생긴다. 행복을 느낀 후에도 워프가 유지될 수 있을까? 비틀린 젖가슴과 젖꼭지, 비틀린 입과 혀, 오염된 젖, 오염된 마음. 그 극단에 다다른 괴물 같은 황홀.

역주 18) 휘어진 우주 공간을 의미한다.

좋은–나쁜 젖가슴–마음. 여기에서 좋음–나쁨이 무한화되면 신성–악마가 된다.

이 둘이 서로 뒤섞인다면, 혹은 서로 겹쳐진다면 어떻게 될까? 선이 악에 물들고 악이 선에 물들어 서로에게 침투하며 서로를 경험한다면? 꿈 화면은 다양하다. 수유 경험이 다양한 만큼 꿈도 다양하여 더 끔찍할 수도 있고 더 훌륭할 수도 있다. 행복한 순간과 훼손된 순간의 병렬과 응축. 좋은 황홀은 비틀린 황홀을 더 낫게 만들까? 비틀린 황홀은 신성한 황홀을 악화시킬까? 과연 우리가 무엇으로 이루어졌는지 확신할 수 있을까? 우리가 어떤 맛인지, 앞으로는 영혼에서 어떤 맛이 날지 확신할 수 있을까?

그리고 만약 저 둘이 하나라면?

레빈은 꿈 빛dream light에, 일종의 광휘에 주목했다. 이는 텅 빈 동시에 충만한 꿈 화면의 지표이며 좋은 수유-꿈의 범람이다. 물론, 지독한 공포가 마침내 절망적 혼미함으로 변해가면서 그렇게 마지막 비명이 스러지는 블랙홀 '화면', 혹은 '화면없음screenlessness' 역시 존재한다. 수유 경험이 외상적일 때, 혹은 수유를 하지 못할 때 이는 변형되어 괴이한 공포로, 뒤틀린 정서로, 훼손된 무정함으로, 소름끼치는 무로 변형된다. 신성하지만 유해한 빛, 천상의 것 같지만 소름끼치는 어둠. 이 때 자기는 동시에 지옥이자 연옥이자 천국이다. 시간이 흐르면서 극적 사건들을 통해 이들은 분화되기 시작하지만, 여전히 자기는 이 셋 사이에서 흔들린다. 신성한 빛과 소름끼치는 고통이 서로 안으로 스며들고 서로를 관통한다. 선으로 통하는 워프가 부재하는 무.

어머니가 돌아가시는 데에는 오랜 시간이 걸렸다. 심장은 튼튼했고, 활력 징후 역시 멀쩡했다. 그러나 미세한 뇌일혈이 잠식한 뇌는 이미 치매 상태였다. 어머니는 더 이상 침대에서 벗어날 수도, 걸을 수도, 스스로 일어설 수도 없었다. 발바닥에 점점 나빠지는 시커먼 욕창이 생겼고, 그곳엔 거의 피가 흐르지 않았다. 어머니는 더 이상 단어를 끌어모아 문장을 만들지 못했다. 문득 구절들이 튀어나왔다. 문득 그 중 하나가 사리에 닿을 때도 있었다.

어머니를 보면 참으로 가슴이 무너지는 것 같았다. 가슴을 쥐어뜯는 느낌이었다.

어머니는 내 손을 강하게 쥐고는 당신 입에 가져다 댔다. 나는 어머니 뺨에 키스했다. 어머니는 사랑으로 숨을 쉬지 못할 정도였다. 나는 어머니의 사랑을 느꼈다. 신은 그녀를 꺾어놓고, 모든 것을 깎아내어 사랑만을 남겨놓았다. 폐허 속에서 선이 빛났다.

어머니가 자신의 장애에 대해 분노하면서 격렬히 화내는 순간들이 있었다. 외할머니는 어머니에게 노년은 황금과 같다고 이야기 했었다. 외할머니는 유방암으로 사십 대에 돌아가셨다. 어머니의 노년은 끔찍했다.

그럼에도 선이, 환하게 빛나는 무엇이 있었다. 오로지 그 정수만이 남아있었다. 나는 어머니 얼굴과 가슴에서 신을 보았다. 어머니의 가슴-내 가슴. 나는 신을 보았고, 신을 느꼈다. 황금처럼 빛나는 중심.

"어머니는 어때요?" 아내가 물었다.

"죽은 사람처럼 핼쑥하셔" 나는 대답했다. "핼쑥하시다고." 내 가슴이 열렸다. 사방으로 빛났다. 슬펐다. 비통하게 빛났다. 빛은 깊이, 깊이 뻗어나갔다.

외할머니는 나이가 많아 보였다. 쪼글쪼글 주름진 얼굴에 몸은 야위어 있었다. 나는 외할머니를 '원숭이'라고 불렀다. 그렇게 부르지 않을 수 없었다. 어머니는 때로 이 말에 조금 상처를 받으시는 것 같았다. 어머니는 외할머니를 애틋하게 여겼다. 어머니는 시간이 소중하다는 것을 알고 계셨다.

당시에는 애들을 원숭이라고 부르곤 했는데, 아마도 사랑을 담아 그랬던 것 같다. 그땐 온갖 것으로 다 불렸다. 나는 원숭이라고 불리는 것이 싫었다. 귀엽다는 이야기가 싫었듯 말이다. 물론 어른들이 놀리느라 하는 말이었고, 자기self에 대해 하는 말처럼 그렇게 심각하게 받아들일 필요는 없었다. 그 말을 들은 아이들이 싫어하는 것 자체가 즐거움의 원천이었다. 재미있는 고통이었던 것이다.

아마도 나는 싫은 그 느낌을 외할머니에게 돌려주었던 것 같다. 외할머니는 이를 받아들였다. 왜였을까? 외할머니가 약해서? 희생자였기에? 수년이 지난 후 나는 외할머니의 사랑이 담긴 눈빛을 느낄 수 있었다. 이십 대, 그리고 삼십 대 동안 나는 울고 또 울었다. 마치 내가 외할머니 품 안에 안긴 아기인 것처럼 느껴졌다. 외할머니의 따스한 얼굴, 사랑이 담긴 눈. 나는 무엇을 보았을까? 소중한 것, 무언가 소중한 것을 보았다. 나는 외할머니 품에서 내가 소중하다고 느꼈다. 신이여!

어린 소년이었을 때, 외할머니는 왠지 무서웠다. 그 주름하며 죽음처럼 뼈밖에 남지 않은 모습이. 나는 전력을 기울여 그 두려움을 날려버리기 위해 그 모습을 최대한으로 이용했다. 외할머니에게 재미있는 고통을, 원숭이가 되는 고통을 주었던 것이다. 원숭이가 되는 고통을 나로부터 떼어내어 외할머니에게 건네주었고, 외할머니는 이를 덥석 받아들였다. 외할머니에게 그것은 거의 아무 의미가 없었다. 그것이 소중했다. 이는 참으로 많은 것을 의미했다. 모든 것을 의미했다.

오랫동안 나는 암이 무엇을 의미하는지 이해하지 못했다. 외할머니는 침대에 누워 죽어가다가 되살아났다. 기도용 숄을 두르고 수염을 기른 아름다운 남자들을 보았다고 했다. 외할머니는 행복했다. 빛이 있었다. 황금빛이 모든 곳을 비추었다. 빛나는 후광들. 아름다움과 충만. 그들이 친절하게 아직 올 때가 아니라고, 되돌아가시라고, 조만간 오시게 될 거라고 이야기했단다.

외할머니는 되살아났고 우리에게 당신이 보고 느낀 것들에 대해서 모두 이야기해 주었다. 그리고 몇 년을 더 사셨다. 그만큼 나에게는 그 깊고 소중한 느낌을 흡수할 시간이 주어졌다. 그 심오한 황금빛의 느낌. 나는 여전히 외할머니를 원숭이라고 불렀고, 금요일 밤에 외할머니 방에서 빛나는 촛불을 보는 것이 좋았다. 참으로 신비스러운 촛불이었다.

어머니는 젊었을 때 외할머니를 부끄러워 했다고 이야기하셨다. 외할머니는 누더기 옷을 걸치고 지내시면서, 이디시어[19]를 썼으며, 결국 영어를 배우지 못했다. 오래된 나라의 단순한 여인이었다. 반면 어머니는 외할아버지를 자랑스러워 하셨다. 외할아버지

역주 19) 중부 및 동부 유럽 출신 유대인이 사용하는 언어.

는 옷을 번듯하게 빼입고, 날카로운 말을 잘 하는 사람이었으며, 미국 생활을 최대한으로 누렸다. 흥정도 잘했고 마트용 카트에 모든 것을 채워 넣었다. 외할아버지의 비문법적인 엉터리 영어는 내 척추를 간질이곤 했다. 어머니는 당신 어머니를 숨기고 아버지를 친구들에게 자랑하곤 하셨다.

그러나 나이가 들자 어머니는 어머니에게서 받은 것이 더 오래 가고 더 중요하다는 것을 느끼게 되었다. 좋은 심성과 좋은 가치, 번쩍이지 않는, 단순하지만 따뜻한, 평범한 사랑. 이 평범한 사랑이 자신을 꿰뚫어보고, 힘을 주고, 모든 것을 한 데 묶어준다는 것을 알게 되었다. 어머니는 부끄러워했던 이 단순한 존재에 감사했다.

이제 육십 대에 접어든 나는 어머니가 그 중 일부를 내게 넘겨주었다는 것을 느끼고 있다. 아내 역시 좋은 심성을 지니고 있다. 내 아이들은? 삼 대 혹은 사 대 후손들은? 이 후기 현대사회의 컴퓨터 세대들은? 그러나 그들도 좋은 심성을 지녔다. 나는 이를 볼 수 있고 느낄 수 있다. 나는 이에 의지한다. 소중한 중핵, 가장 중요한 것. 깊은 심성의 열림. 신은 기꺼이 이를 대대손손 전해주시리라.

열두 살 난 어떤 아이에게 살면서 가장 많이 느끼는 것이 무엇이냐고 물은 적이 있다. 아이는 질문을 내게 되돌리면서 "선생님이 먼저 이야기해 보세요" 라고 했다. 나는 말했다. "고뇌과 황홀, 고통과 기쁨이란다." 아이는 오로지 고통밖에 없다고 생각한다고 했다. 고통의 변이형들만이 있다는 것이다. 그는 이렇게 주장했다. "기쁨은 가장 낮은 단계의 고통이에요."

많은 사람들이 고통이 사라지기를 원한다. 고통은 그게 어떤 고통이든 다 과하다는 것이다. 그러나 이 소년은 정직한 고통과 함께 산다. 소년은 안다. 삶의 바탕을 이루는 고통은 감당할 만하다는 것을. 누구도 이 문제에 대해서 소년을 흔들 수 없다. 삶이 괴롭힌다. 삶이 고통스럽게 한다. 그는 작가가 되고자 한다. 멈추지 않는 고통으로부터 글을 써내는 작가.

작가들은 글쓰기가 자신을 완전하게 만들어주기를 바라는 갈망에 가슴을 친다. 누군가는 그 목소리를 듣고 치유될 것이다.

어떤 이들은 개인적 치유에 안주하지 못한다. 그들은 사회라는 신체를 손상시키는 부당함에 주목한다. 그들은 사회가 치유되지 못한다면 쉴 수 없는 사람들이다. 서로가 없다면 사회와 개인은 치유될 수 없다.

한 신비주의자는 갈망이 우리를 신에서 떼어놓는다고 말했다.

또 누구는 물질이 갈라놓는다고 했다. 우리는 마음, 영혼, 정신, 직관을 통해서 신과 하나가 된다. 육체는 간극이다. 우리는 혼신을 다하여 신과 하나가 되고, 마침내 물리적 장벽을, 껍질을 벗어버린다.

우리는 도스토예프스키의 말에 동의한다. 죽어가는 아이는 철학적 아름다움을 훼손시키는 악이다. 아이가 죽을 때 선도 죽는다. 예수는 신체적으로만 죽은 것이 아니다. 정신, 그 인간적 정신 역시 십자가에 못 박혔다. 인간적 정신이 고통으로 환원되었다. 그 정신은 최후의 고통에 의해 산산이 부서졌다. 그리고 또 한 번의 최후의 고통, 그리고 다시 한 번. 왜 철학자들은 정신적 변형을 위해 산산이 부서져야 한다고 말하는 것일까? 그들이 완전히 틀린 것은 아니다.

열두 살 소년의 고통은 끝없이 계속된다. 소년은 나비 한 마리가 물 위로 떨어지는 것을 본다. 두 날개가 물에 젖는다. 나비는 빠져나오려 애쓰면서 날개를 퍼덕거린다. 물고기 한 마리가 나비를 건드려보다가 입으로 빨아들이고, 다시 뱉어낸다. 물고기에게 발이 달린 것 같다. 행복한 물고기는 볕 드는 물속에서 펄떡거리며 나비에게 달려든다. 나비가 날개를 펄럭이는 것을 즐긴다.

어떤 형이 소년에게 말한다. "자연 속에는 죽음이 참 많아. 자연은 죽음에 열광하지". 열두 살 소년은 동물을 죽이는 것을 참을 수 없어 채식주의자가 된다.

결국 플로티누스가 옳았던 것일까? 물질은 사악한 것일까? 그렇다면 엉망으로 망가진 정신은 어떤가? 플로티누스에게 있어 망가진 정신은 물질과의 (오)동일시(mis)identification였고, 낮은 단계의 영혼이었다. 우리는 자신을 다시 올바르게 만들어야 하고, 더 높은 힘을, 그 안의 진짜 자기를 발견해야 한다. 아름다움과 선에 의해서 고양되는 진짜 자기. 그렇다면 망가진 정신은? 길 위에서 썩어가게 내버려두라.

열두 살 소년은 망가진 정신이 아니었으나, 망가진 정신들을 분명히 볼 수 있었고, 자신 안에서 그들을 느낄 수 있었다. 그들의 으스스한 빛이 부풀었다가 이울기를 반복했다. 소년은 그 영향에서 벗어날 수 없었고 그 위에 올라설 수도 없었다. 깨달음에 온몸이 숭숭 뚫린 채 소년은 삶 속으로 뛰어들었다.

열두 살 소년은 고통을 주는 육체를 사랑했다. 죽음이자 감각과 무한한 느낌들의 관문인 육체. 선의 전령인 감각. 육체에 새겨진 기쁨이 있다, 정신의 기쁨. 열두 살 소년은 생 앞에서 간담이 서늘해졌으나, 생이 그를 껴안았다.

플로티누스가 옳았다. 아름다움과 선은 핵심 속의 진짜 핵심이다. 머리에서 발끝까지 고통과 뒤섞인 채. 망가진 정신을 시원적 파도로 집어삼키는. 고통은 기본적 실재이다. 거기에 기쁨의 분화구가 흔적을 남긴다. 나는 고상한 아름다움과—선이라는 물의를 일으켜 열두 살 소년을 배신했다. 아름다움과 선은 어디에서 오는가? 그들은 고통에 둘러싸여 있는가? 고통은 언제 환하게 불타오르는 불꽃에 연료를 들이붓는가? 그리고 언제 그 불꽃을 꺼트리는가?

소년에게 있어 어떤 아름다움의 정수도 고통을 무화시키지는 못했다. 그는 괴로움으로부터 아름다움을 분리하지 않았다.

플로티누스는 육체를 수치스러워했지만, 월트 휘트먼은 전율하는 육체를, 숨구멍에서 느끼는 기쁨을 노래했다. 그렇다면 휘트먼의 수치는 어디 있으며, 플로티누스의 육체적 황홀은 어디 있을까? 그 고통의 파편들 각각에 비밀스러운 기쁨이 꿰매어져 있지 않다면, 고통은 과연 얼마나 오래 존재할 수 있을까? 고통 속에서도 우리는 삶을 기대한다. 고통의 맥박들 사이에서 모든 것을 기대한다.

내게 많은 것을 가르쳐 준 이 소년은 양보하지 않는다. 고통을 배반하지 않는다. 고통을 고통이 아닌 것처럼 가장하지 않는다. 많은 사람들이 그럴 리 없다고 말한다. 그러나 사실이다. 그의 삶에도 쾌락과 기쁨이 있다. 그는 이상을 좇지 않는다. 그의 삶은 순수한 아름다움이 거짓임을 증명한다. 기쁨은 일상적 고통의 일부이다. 그는 똥을 황금으로 바꾸지 않고 있는 그대로의 삶을 사랑한다. 한 순간은 충분히 황금처럼 소중하다. 그는 자신으로서 살고 그 자신을 준다. 일상성, 그것만으로도 충분하다.

한 여인이 빛을 볼 수 없다고, 자신 안에서 아무것도 볼 수 없다고 말했다. 그러나 그녀는 항상 무엇인가가 더 있다고 느껴왔다. 그러한 정신적 감각을 결코 놓아버리지 않았고, 그 감각 역시 그녀에게서 떠나지 않았다.

그녀는 어린 시절이 참으로 끔찍했다고 말했다. 가족 모두는 서로를 비난했고 항상 싸웠다. 서로를 공격하고 쪼아댔다. 누가 누구 위에 올라서느냐가 중요했다. 참으로 지치는 일이었다. 삶은 이런 것이 아니어야 했다.

직장 역시 다르지 않았다. 모든 사람이 다른 사람보다 더 나아지려고 노력했다. 경쟁하고, 앞서고, 찍어 누르고, 기어올랐다. 가족과 다르지 않았다.

타인을 배려하는 사람이 한 명이라도 있었던가?

그녀는 대학병원에서 일했다. 환자가 드나들었다. 자살이 일어났다. 숫자를 보기 좋게 조작했다. 해야 하는 일은 하지 않았다. 지침만을 따랐고, 지침은 점점 더 비인간적이 되어 갔다.

더 이상 이런 식으로 살 수 없었다. 무엇인가가 더 있어야 했다.

수년 동안의 우울과 불안.

그녀는 이 양육강식의 체제를 바꿀 수 없었다.

그러나 무엇인가 더 있었고 그것이 빠르게 자리를 잡아갔다. 그것은 목소리도, 빛도 아니었다. 그럼에도 실제적인 무엇이었고, 양육강식의 세상보다 더 실제적이었다.

너무도 많은 시간 동안 그녀는 자신이 무능하다고 느꼈다. 그녀는 노력했으나 실패했다. 아무 일도 일어나지 않는다면, 사태가 점점 더 나빠진다면, 무언가 더 있는 것이 무슨 소용이란 말인가. 그녀는 삶의 진실들 속에서 아마겟돈의 토대를 보았다.

아무리 노력해도 소용없었다. 감지하려 했으나 헛수고였다.

수 년이 흘러갔다. 그 무엇인가는 사라지지 않았다.

여기서 찔끔, 저기서 찔끔, 그 무엇인가는 그러나 풀려나지 않았다.

우울이 줄어들고, 불안도 줄었다. 어떤 열림, 어떤 움직임.

그 무언가는 사소하게 시작했다, 아주 사소하게. 감지할 수 없는, 그러나 충분히 실제적인 감각. "그것은 항상 거기 있었어요", 그녀는 놀라워하고 감사하며 말했다. "뭐라 표현해야 할 지 모르겠어요. 시작하는 데 사십 년이 걸렸어요." 삶에 대한 자신의 감각을, 그 '무엇인가 더'의 기미를 이해하는 데 너무도 많은 시간이 걸렸다.

그녀의 생의 감각 속에 그 '무엇인가'가 새겨져 있었다. 항상 알고 있는 그 무엇이 존재했으나 이는 거의 감춰져 있었다. 이는 그녀 자신에게도 비밀이었다. 비밀스레 완상하는 비밀. 그녀는 이를 두려워하고 부끄러워 하였으나, 수많은 세월에 걸쳐 이 무엇은 자라났고 그녀 역시 그와 함께 성장했다. 그녀는 이 세상을 지배하는 물결(미친 돈, 타락한 무)에 거의 저항할 수 없다고 생각했지만, 그 무엇이 주변 사람들, 심지어 그녀를 싫어하는 것 같은 사람들에게도 작용하는 것을 보고 놀라지 않을 수 없었다. 지배적인 물결이 이를 자꾸 덮쳤지만 그 무엇은 계속 작용했다. 그것은 빠져 허우적대는 와중에도 작용했다. 잔인성이 미만해 있었다. 그러나 열림이 일어났다. 사람들은 도움을 받았다. 삶이 고양되었다. 망가진 정신 모두가 길에서 썩어가게 방치되는 것은 아니었다.

그녀에게 이는 세상 이치에 굴복하는 것을 의미하지 않았다. 열두 살 소년이 그랬듯 그녀는 굴복하지 않을 터였다. 대신 할 수 있는 일 –그것이 무엇이든– 에 자신 –자신이 누구든– 을 쏟아부을 수 있었다. 어떤 사람은 처음부터 그렇게 한다. 그러나 어떤 사람은 그렇게 하는 방법을 찾는 데 많은 세월이 걸리기도 한다.

삼십 대 초반에 나는 죽어가던 버트 이모를 방문했다. 이모는 괴로워하고 있었다. "이런 일이 이렇게 일찍, 이런 식으로 일어나리라고는 생각지도 못했단다, 마이크." 이모는 흐느꼈다. 통렬하게 마음을 저미는 비탄이 생을 깊숙하게 갈라놓았다. 나는 이모 손을 잡고 다른 손으로 이모 이마를 짚었다. 암이 이모의 몸을 먹어치웠다. 이모는 뼈 밖에 남지 않은 손을 허벅지 사이에 끼웠다. 이모의 몸은 태아가 되고자 했다. 편안한 방법을 찾고자 했다. 나는 거기 오래 머물렀고, 시간이 스러졌다. 나는 언제 생명이 떠나고 죽음이 시작되었는지 구분하지 못했다. 삶과 죽음의 차이를 구분하지 못했다. 어떤 빛이 쓰라린 슬픔을 가득 채웠다. 쓰라린 영광. 눈물을 흘리는 사랑. 그 방 안에 어떻게 기쁨이 존재할 수 있었을까? 그러나 기쁨은 조금씩 조금씩 자라났고 거기엔 삶도 죽음도 없었다.

몇 달 후, 여전히 그 순간에 대한 경외심에서 벗어나지 못한 상태에서 나는 성인이 되어 처음으로 건강검진 예약을 했다.

한 화가는 작업을 할 때 극도의 기쁨과 극도의 고통을 함께 느꼈다. 그녀는 캔버스를 색으로 가득 채웠다가, 다시 까맣게 칠해버리고, 그렇게 층층이 물감을 쌓아가다가 처음부터 다시 시작했다. 그녀는 캔버스를 벽 쪽으로 돌려 세우고 뒷면을 바라보았다. 작품을 끝낼 수가 없었다. 반복해서 작품을 찢어버렸고, 몇 달 후에 다시 시작했다. 많은 그림과 작품들이 있었고, 많은 정체성을 통과하고 이를 파괴했지만, 한 번도 마음에 든 적이 없었다.

그녀는 자신이 연인과도 비슷한 관계를 맺고 있다고 생각했다. 그들은 많은 정체성들을 통과했지만 적당한 게 하나도 없었다.

친구들과는 편하게 이야기할 수 있었다. 그녀는 좋은 친구였고, 훌륭한 친구였다. 그러나 스스로와 충돌했다. "틀어막혀 버리고, 으깨져 버렸어요. 아무것도 나오지 않아요. 나오더라도 바랐던 게 아니에요."

우리는 과거를 세밀히 살펴보았다. 그러나 아무 소용이 없었다. 느낌이 꽉 들어차 막혀 있었다. 그녀는 어릴 때부터 느낌을 안으로 갈무리하여 비밀로 지키는 법을 배웠다. 아버지 앞에서 그녀는 평범하고 건강하고 유능하게 보여야 했다. 감정을 드러낼라 치면 아버지는 그녀를 비웃었다. 그녀는 아주 유능했다. 그러나 자신이 어떻게 분열되어 버렸는지 잊고 있었다. 저 깊은 속에서 삶이 꽉 막혀 있었다. 그리고 외적으로는 엄청나게 유능했고, 상냥하고 건강했으며, 타인을 잘 보살폈다.

그러나 어머니와의 관계에서는 광적으로 감정적이었다. 요구가 많았고, 적극적이었고, 침습적이었으며, 혼란스러웠다. 그녀는 순수한 감정이란 파괴적이라고 배웠다. 저 위협적인 흐름을 자제하기를 원하는 아버지가 옳았다. 또한 아버지의 이성적인 자신감을 맹공격하는 어머니도 옳았다.

그래서 그녀는 어떻게 되었나? 그 사이에 사로잡혀버린 것인가? 그 어디에도 존재할 수 없게 된 것인가? 연민, 혹은 조용한 공모? 어떤 독창성? 캔버스에 물감을 칠하고 다시 까맣게 칠하기. 나에게 말할 방법을 찾을 수 없다는 그녀.

말하는 것이 불가능한 소름끼치는 고통이 있었다. 고통에 사로잡힌 소름끼치는 황홀. 검은색 속에 익사하는 색채의 기쁨. 검은색은 그렇게 침침하게 남아있을 것인가? 언젠가 환하게 반짝일 것인가?

우물 파는 사람이었던 아브라함의 아들, 이삭은 칼 때문에 외상적 경험을 한다. 물을 끌어들이기 전에 우물을 모래와 자갈로 채워야 했을까? 사라의 아들, 쓰라린 웃음[20)]. 환자의 우물은 깊었다. 표면에 기운을 돋우는 친구들이 있었지만, 그 밑에서 그녀는 갈증 속에서 익사하고 있었다.

최근에 그녀는 남자친구가 문제를 약으로 해결하려 했다는 사

역주 20) 이삭은 아브라함과 사라의 아들이며, '웃음'이라는 뜻이다. 아브라함은 신의 명령에 따라 이삭을 죽이려 칼을 대는데, 마지막 순간 천사가 나타나 이를 막는다. 성인이 된 이삭은 우물을 세 번이나 파지만 가나안 토착세력에게 빼앗긴다.

실에 격노했다. 그녀는 그의 '좋은' 기분을 견딜 수 없었다. 더 이상 그를 느낄 수 없었다. 그는 그녀의 멈추지 않는 고약한 갈증을 모르는 체 하면서, 그녀를 쉽게 진정시킬 수 있을 거라 생각했다. 좋은 느낌이 있으면 충분하지 않을까? 그녀는 그가 근본을 벗어났다고 생각했다. 기쁨을 기쁨으로 맞이하려면 고통은 고통으로 맞아야 한다. 그녀의 정신적 통신장치는 잡음 없는 깨끗한 상태가 아니라 복잡성을 원했다.

"모든 것이 하나의 단어나 경험 아니면 어떤 밀도로 붕괴되어 버려요. 정반대였으면 좋겠어요. 친구랑 같이 있으면 통상 느끼는 것 이상을 말할 수 있어요. 의식적으로 생각하는 것 이상을 말할 수 있어요. 하지만 이 자리에서는 완전히 정반대 상태가 돼요. 내가 어디에 있는지 말할 수 없어요. 수많은 느낌들을 감지하지만, 그 느낌들은 마비되어 있어요. 항상 고통 속에 있어요."

그녀는 항상 고통을 넘어 제 할 일을 할 수 있었다. 고통을 넘어 살 수 있었다. 친구가 약으로 그렇게 하듯이.

"감정적으로 꽉 막혀있어요. 곧 폭발할 거예요, 저는 마비되어 있어요."

폭발적 마비-마비된 폭발.

"심란하네요. 다른 곳으로 사라져 버리고 싶어요. 무서워요. 나 자신에게, 그리고 선생님에게 화가 나요. 이렇게 나빴던 적은 없어요."

또 다른 환자는 귀에 뭐가 가득 들어차packed 있는 것이 보인다고 말했다. '거짓말 꾸러미packs' 라는 구절은 아버지가 반복적으로 쓰던 말이었다. 거짓말 꾸러미들. 귓속의 구역질나는 물건들. "우리는 이런저런 이야기를 듣죠. 우리를 이렇게 혹은 저렇게 행동하게 만들려는 잡동사니 말들. 우리는 무서워서 이렇게 하고 저렇게 하죠. 그렇게 거짓말 꾸러미가 되어버려요."

화가인 내 환자는 진실에 쏘였다, 꽉꽉 들어차 막혀있는 진실에 마비되었다. 꽉 들어찬 진실, 꽉 들어찬 거짓. 우리가 집어삼키는 모든 것들, 귓속의, 뱃속의, 그림 속의, 시 속의, 그리고 치료 속의 잡동사니들. 파내고, 묻고, 덮고, 열어보는 잡동사니들.

치료를 마쳤을 때 그녀에게서 날개가 자라났다.

어떤 사람들은 치료 속에서 날개를 찾는다. 어떤 이는 마구 엉긴 덩어리들을 끝없이 찾아낸다.

"아내 말이 내가 훨씬 나아졌대요" 이 말을 한 남성은 이제 집에서도 더 자연스럽고 편안했고, 일에서도 더 많은 기쁨을 느꼈다. 치료를 시작하고 그는 거의 칠 개월 동안 침묵을 지켰다. 꽉 막혀 응고된 채 어디로도 가지 못했다, 그는 응고물이 새빨갛다고 말했다. 거기서 때로 황금빛으로 빛나는 후광이 퍼져나왔다. 응고물은 때로는 고동쳤고, 때로는 생기 없이 고여만 있었다.

우리는 같이 앉아 우리 사이 마룻바닥에 고여 있는 그 응고물을 바라보았다.

시간을 보내는 참으로 이상한 방법이었다.

검은색이 다른 색들을 뚫고 빛나고, 다양한 색들이 검은 색을 뚫고 나온다. 그 색들은 서로 섞여들고, 다투고, 혼합되고, 경쟁하고, 사방으로 퍼져나간다. 그녀의 그림은 더 심오해진다. 더 많은 지각적이고 통각적인 도약을 요구하고, 사람들 안에 꽉 막혀있는 어떤 것에 대해서 이야기한다. 색을 검게 물들이는 어떤 것, 부화를 위해 시간이 필요한 어떤 것. 마침내 그녀는 작업을 통해서 변화해 간다. 작업을 하는 것이, 작품을 보고 그 작품에게 보여지는 것보다 쉽다[21]. 어떤 일이 일어나고 있다. 우리의 회기는 꽉 막힌 응고물이다.

역주 21) 라캉은 <세미나 11>에서 사물을 응시하는 주체가 아니라, 사물에 의해서 응시 당하는 주체에 대해서 이야기한다.

꽉 막힌 영역에 의해 집어삼켜짐으로써 미묘한 통제불가능성의 영역이, 심오한 불가지성의 영역이 열린다. 이 화가에게서 작업과 삶의 새로운 국면이 시작되었다. 언제든 중단해버릴 수 있지만, 얻을 것이 너무도 많은 국면. 이렇게 기쁨과 고통 그리고 어둠과 밝음이 하나인 곳으로 들어가는 이들은 드물다.

레일라는 그 동안 참으로 자유로웠다고, 독수리처럼 높이 날았노라고 말했다. 며칠, 몇 주 동안 멈추지 않는 다양한 황홀. 인생 최고의 시간. 그녀는 지옥을 빠져나왔고, 아직도 지옥을 통과하고 있지만, 이제 예전과 같은 지옥은 아니었다. 황홀은 성쇠를 거듭했고, 강해졌다가 약해졌으나, 거의 항상 꾸준하게 존재했다. 그러다가 거울 속에서 자신을, 늙은 유대 여자를 보았다. 이는 충격적이었으나 그녀를 오래 좌절시키지는 않았다.

그녀는 그다지 늙어 보이지 않았다. 그러나 그녀가 무슨 말을 하고 싶은 것인지 알고 있었다. 안과 밖 사이의 분열은 터무니없이 클 수 있다.

사실 내가 그녀보다 나이가 거의 열 살 더 많다. 늙은 유대 남자. 황홀은 성쇠를 거듭하나 거의 항상 꾸준하게 존재한다. 우울의 기미도 마찬가지이다. 이 둘은 함께 존재한다. 이들은 겹쳐졌다가,

얼마 간 서로 밀어내고, 원을 그리며 포개지다가, 서로 잡아당기면서 팽팽해지고, 서로를 껴안는다. 그렇게 어떤 질감과 음조를 만들어낸다. 나는 마침내 이 둘을 모두 사랑하게 되었고, 모두 불신하게 되었다.

때로 분열은 정반대 효과를 일으킨다. 산산조각이 나서 공간 속으로 추락하며 사라져버리는 때가 있다. 이것만으로도 충분히 괴롭다. 그리고 사악하고 기괴한 측면이 드러나면 괴로움은 더 심해진다. 그러니까 악과 불행과 불구의 감각 속으로 빠져드는 때가 있는 것이다. 내적 비전 속에서 내 얼굴은 추하고, 비틀려 있으며, 끔찍하게 무한화되고, 소름끼치는 식으로 왜곡된다. 절대적 광기의 비틀리고, 오염되고, 유독하며, 부서지고, 불구가 된 이미지. 섬뜩한 망각 속으로 추락하기, 영원히 계속될 것만 같은 끔찍한 죽음. 고통은 견딜 수 없고, 의식이 흐려지다가, 지워지고, 무의식이 된다.

거울을 들여다 보는데 실제 얼굴이 내적 비전 속 얼굴만큼 나쁘게 보이지 않을 때가 있다. "그리 나쁘지 않은데," 혼잣말한다. 내 얼굴은 강인하고, 눈코입이 잘 어울리며, 좋아 보인다. 눈코입이 각각 따로 놀거나 비틀려 있지 않다. 웬일인지 기분이 좀 나아지고, 나 자신으로 빠르게 돌아온다. 이렇게 거울 속 얼굴을 보는 일은 예상치 못했던 안도감을, 그리고 뭔가 응집되는 느낌을 준다. 나는 다시 중심을 찾고, 평범한 나를 느끼고, 그렇게 거울 속 이미지에 의해 구원받는다. 그런 순간에 거울 속 이미지는 나를 진짜로 만들어 준다.

얼굴에 대한 서로 대조되는 관념적 내적 자기 및 그에 상응하는 외적 지각이 두 가지 존재하는 것 같다. 우리는 자신이 아름답거나 추하다고, 혹은 자유롭거나 쇠약하다고 느낄 수 있다. 이는 모두 플라톤의 검은 말, 흰 말의 변주다. 끔찍한 혹은 행복에 넘치는 내적 얼굴과 자기. 놀라울 정도의 아름다움과 죽은 사람 같은 거의 절대적인 창백함. 이는 모두 외적 지각에 의해 확인될 수도, 부정될 수도 있다.

레일라의 경우, 내적 자유와 아름다움은 외적인 늙어감으로 인해 부정되었다. 그 필멸성과 나약성 그리고 추함과 함께. 그녀는 내적 비전과 외적 비전의 불일치 때문에 멈춰 섰다. 독수리처럼 날고 있으면서, 노파처럼 보였던 것이다. 내 경우, 섬뜩한 절대적 고통으로의 내적 추락이 외적 견고함 덕에 상쇄되었다. 이렇게 양방향이 다 가능하다.

네 가지의 명료한 논리적 가능성이 존재한다. 그리고 그 넷은 모두 실제적이다. 내적 추함이 외적 아름다움에 의해 부정되기, 내적 아름다움이 외적 추함에 의해 부정되기, 내적 추함이 외적 추함에 의해 확인되기, 내적 아름다움이 외적 아름다움에 의해서 확인되기.

내 생각에는 내적 아름다움 혹은 좋음이 외적 아름다움 혹은 좋음과 만날 때가 가장 나은 것 같다. 그리하여 좋은 느낌이 외적 지각에 짝지어지고 그렇게 우리는 계속 좋은 기분을 느낄 수 있다. 그러나 이는 사악한 이미지가 폐제foreclose[22] 되고, 주체가 자신이 보이는 것만큼 기분이 좋다거나, 느끼는 것만큼 보기에도 좋다고 상상하기 시작할 때 남용될 여지가 있다. 최악의 경우, 부정의 가능성이 사라진다. 주체를 봉인하는 견고한 원이 만들어지고, 타인의 감정으로부터 스스로를 격리하게 될 수 있다.

치료자들을 감독하다 보면 때때로 환자에 대해 지나치게 좋게 느끼는 경우가 있다. 스스로에 대해 너무 편안하게 느끼다 보면 타인의 나쁜 느낌에 눈멀 수 있다. 우리는 타인의 곤경을 경험하기 위해 황홀에 한계를 설정해야 한다.

그럼에도, 좋은 기분을 느끼고 스스로를 좋게 보는 데 익숙하지 않는 영혼에게 내적-외적 좋음의 감각이 함께하는 것은 진정 하나의 축복이다.

그리고 그 반대 상황, 즉 내적으로 추함을 느끼면서 동시에 외적으로도 추한 자신을 보는 일은 종종 우리를 영원히 황폐하게 만든다. 단순히 그냥 못생긴 외모에 대해 이야기하고 있는 것이 아니다. 이는 일종의 심리적 생존능력 혹은 심리적 가치에 대한 문제다. 내적 혹은 외적 추함에 있어 가장 우리를 황폐하게 만드는 것은 단

역주 22) 이는 라캉의 용어로서 어떤 특정 요소를 상징계로부터 완전히 추방하는 것을 의미한다.

순한 육체성이 아니라(물론 그도 중요하다), 스스로에 대해 느끼는 정신적으로 나쁜 맛이다. 자기에게서 나쁜 맛이 나서, 근본적으로 스스로에게 거절당하는 것이다.

또한, 치료자가 환자의 내적 추함과 외적 추함이 너무도 잘 어울린다고 느낄 수도 있다(나는 이런 일이 생각처럼 드문 일이 아닐까 봐 두렵다). 예를 들어 어떤 사람은 독선적이라서, 거만하게 행동할 뿐더러 거만해 보일 수 있다. 히틀러가 환자로 왔다면 아마 극단적으로 그런 느낌을 주었을 것이다. 선의를 지닌 치료자는 이 사람을 도저히 어찌해볼 수 없겠다고 느낄 터이다. 종종 그런 사람은 아무리 심각하게 이야기해도 자신의 독선을 인지하지 못하고 그에 다가가지도 못한다. 내적이고 외적인 독선으로 자신이 옳다는 감각에 푹 젖어있다. 이 사람은 기껏해야 극단적이고 철옹성 같은 독선–전형적인 독선–속에서 오락가락하면서 약간의 불안을 흘리고 발작적으로 우울을 표현하지만 이를 외적 환경(독선의 완전한 실현을 방해하는 것들) 탓으로 돌릴 것이다.

우리는 많은 치료 작업을 통해 자기를 인정하거나 부정하는 다양한 관점들을 배양하고 구축한다. 우리는 복수의 체계와 능력들로 이루어져 있다. 이들은 서로 비교해보고 균형을 이루고 상대를 풍성하게 만들고 또 다툰다. 자기에 대한 한두 가지 관점에 고착되는 것은 일종의 곤경으로서 우리를 궁핍하게 만든다. 우리 안의 검은 말과 흰 말 이야기는 치료를 처음 시작할 때면 어느 때든 보조적이나마 도움이 된다. 내적 관점과 외적 관점은 서로를 긍정하거나 부정하면서 복잡한 방식으로 진화해나가는 것이다.

규칙을 정하는 것은 어렵다. 때로는 자신을 과도하게 단순화시키는 것이 적응적일 수 있다. 살아남기 위해서 자기를 축소시키는 것이다. 그러나 자기에 대한 많은 관점들을 따라갈 수 있다면 삶의 가능성이 열린다. 풍성한 삶을 위해서는 내부 및 외부를 지향하는 상태를 인정하고 부정하는 일련의 흐름이 필요하다.

생각은 어떤 생각이든 숨겨진 생각들의 네트워크 중 일부이며, 하나의 느낌은 여러 느낌들이 이루는 맥락의 일부이다. 또한 하나의 관점은 그것이 어떤 관점이든 과거 및 미래의 관점들과의 관계 속에서 우리를 다양한 의식과 무의식으로 이끌고, 이로부터 벗어나게 하고, 이를 성장시킨다. 우리가 항소할 수 있는 법정이 자아 안팎에 항상 존재한다는 사실은 우리를 자유케 한다. 물론 당황하게 만들지도 모르지만 말이다. 다양성과 복수성 속에서 즐기고 작업하는 법을 배운다고 해도 선택이라는 문제에서 벗어날 수는 없다. 그러나 이를 통해 고통의 음조가, 울림이, 그 범위가 확장된다.

신체적 황홀이 있고 초월적 황홀이 있다. 공포와 분노의 황홀, 성적 황홀, 지적 황홀, 권력의 황홀, 증오의 황홀, 사랑의 황홀. 또한 어떤 역량이든 작동시킬 수 있고 거기 스며들 수 있는, 자유롭게 부유하는 황홀이 있다. 히틀러의 황홀, 성 테레사 수녀의 황홀, 자기를 내세우는 일과 자기를 포기하는 일의 끊임없는 혼합. 황홀의 쌍둥이 같은 두 극. 감각, 느낌, 사고, 직관, 의지, 상상, 믿음, 불신, 인식, 무지… 이들은 모두 황홀을 매개한다. 그래서 어쩌자는 것일까? 우리는 이를 통해 무엇을 할 수 있나?

제니는 물었다, "내게 언젠가는 남자가 생길까요?"

반 년 동안의 분석 동안 우리는 함께 많은 것들을 헤쳐 나왔다. 그녀는 제법 많은 남자들을 만나 왔었고, 남자들 역시 그녀의 많은 면들을 겪었다. 그녀의 남자관계에는 공통된 패턴이 있었다. 우선 황홀한 전율이 있고, 성적性的으로 서로 잘 맞는다면 황홀한 순간이 몰려왔다. 그 다음으로는 도시의 흥분 속에서 걷고 이야기하며 함께하는 황홀이 있었다. 그리고는 고통이 극도의 고뇌로 변해갔다. 의심, 상실, 회의. 나한테 무슨 문제가 있는 것일까? 실패, 산산이 부서짐.

치료를 시작할 무렵, 실패하여 산산이 부서진 상태는 넌더리 날 정도로 오래 지속되고 있었다. 희망과 갈망 그리고 후회 속에서 황홀이 드문드문 폭발하여 거기 구멍을 냈다. 끝없는 자기고문이었다. 2년이 지나자, 치료를 통해 관계를 정리하는 기간이 짧아졌고, 덜 소모적이 되었다. 남자와 헤어지더라도 이전처럼 황폐해지지는 않았다. 그 쓸데없는 기간이 전처럼 오래 지속되지 않았다. 다시 그 후 2년 동안의 치료를 통해 제니는 이제 전율의 신호가 오더라도 전처럼 그렇게 펄쩍 뛰면서 흥분하지는 않게 되었다. 특히 관계가 끝나버릴 것이 분명할 때는 말이다. 그녀는 어떻게 변한 것일까? 외로워졌나? 두려운 것인가? 조심스러운가? 아니면 단절되었을까?

사실 그녀는 전보다 더 단절되었다, 자기로부터 더. 과거에 그녀는 자신을 흥분시키고 또 부숴버리는 폭압적인 자기의 일부와 조화를 이루고 있었다. 그녀는 심각한 정신적 붕괴로 정신병원에 입원했고, 퇴원 후 나를 처음 찾아왔다. 자신이 산산조각 날 것 같은 전의식적 두려움이 늘어났고 위에서 대략적으로 묘사한 것과 같은 성적 폭발이 그나마 그녀를 하나로 이어주고 있었다. 수년 동안 그녀는 일시적 성적 만남을 통해 붕괴를 피하면서, 자신의 인격적 '결함' 주변을 어슬렁거렸다. 잘 되는 것 같던 관계는 항상 어긋나버렸고, 그녀는 길을 잃었다. 이는 마치 길고 지루한 길 위에서 그렇게 고통스럽게 길 잃고 있는 것이 그녀가 산산조각 나는 것을 막아주고 있는 것처럼 보일 지경이었다. 그녀는 불평했고, 갈망했고, 불행하다고 느꼈다. 그렇게 자기비하의 축제를 벌였다. 마치 인격을 유지하기 위해서는 애태우고 상실하는 일이 필요한 것 같았다.

수많은 일을 함께 겪은 뒤 나는 이렇게 말할 수 있었다. "운명이나 숙명에 의해서, 아니면 운이 좋아서 남자가 생길지도 몰라요. 그렇지만 확실한 것 하나는 당신에게는 바로 당신이라는 동반자가 있다는 사실이에요. 자신과 함께해야 해요. 당신 자신과 시간을 같이 보내야 해요."

제니는 얼마나 자주 생을 끝내버리려 했는지 이야기했다. 단지 자신과 함께 있다는 이유로, 자기 자신으로 운명 지워졌다는 이유로. 진부한 이야기였다. 사실이었으나 진부했다. 그녀가 새로이 이야기하고 있는 것은 전처럼 자신을 괴롭히지는 않는다는 것이었다. "항상 자신을 괴롭혀왔던 것 같아요. 안 그래 보려 하지만 어쩔 수 없었어요. 그러나 뭔가가 엄청나게 달라졌어요. 혼란에서 벗어났어요. 전보다 빠르게 혼란에서 벗어났어요. 산산이 부서지는 사태를 이겨냈어요. 때로 나 자신을 인식해요. 때로 나는 전과 달라요. 나를 인식하기 어렵다는 것에 대해서 전처럼 걱정하지 않아요. 이제 내가 이런 식으로든 저런 식으로든 다시 되돌아올 거라는 사실을 알고 있어요. 나는 이렇게든 저렇게든 존재할 거예요. 이제 산산이 부서지는 사태가 불러일으킬 변화를 기대하고 있기까지 해요. 그렇지 않으면 전이랑 똑같을 테니까요. 나 자신과 함께 있는 것이 죽을 정도로 지루할 테니까요."

"나는 혼자 웃어요," 그녀는 말을 이었다. 자신이 같이 있을 만한 사람이라고 생각한다고 했다. "생각이 많아요. 나 자신과 함께 하는 것이 좋아요. 혼자 보내는 시간은 흥미로워요. 그러나 다시 공격이 시작돼요. '내가 뭘 잘못했지?' 직장에 있는 남자들은 데이트 이야기를 해요. 한 남자가 바로 내 앞에서 최근 몇 년 중 가장 끔찍했던 데이트에 대해서 이야기했어요. 분명 상대는 끝내주게 젊고 섹시한 여자였겠죠. 처참한 기분이에요. 혼자 있게 되면 이 문제가 다시 날 공격하리라는 것을 알아요. 기분은 더 끔찍해질 거예요. 나는 예쁘지도 않고 똑똑하지도 않고 세심하지도 않아요. 너무 감정적이고 너무 영리해요. 섹시하지도 않고 너무 굶주렸어요. 이렇게 그냥 '아니'와 '너무'만 있어요"

"감히 이렇게 이야기해도 될까요? 많은 시간 동안 행복을 느껴요. 일하는 것도 좋고, 혼자 뭘 하는 것도 좋고 친구랑 있는 것도 좋아요. 주말에 혼자 있을 때면 할 일을 만들어요. 내 아파트가 마음에 들어요. 음악을 듣고 그림을 그리고 순간을 느껴요. 살아있다는 것은 정말 좋은 느낌이에요. 전에는 이렇게 말할 수 없었어요. 나 자신인 것이 훨씬 좋아졌어요. 그렇지만 갑자기 공격이 시작돼요. 혼자 있는 것이 벌인 것 같고 내게 뭔가 문제가 있다는 증거라는 생각이 들어요. 그러면 생각을 해보려고 노력해요. 훨씬 더 어리석은 일 때문에 많은 사람들이 더 끔찍한 벌을 받고 있다고 생각해봐요. 뭐든 문제가 있으면 그게 다 내 잘못이라고 생각하게 만든 사람이 엄마인 것 같아요. 어릴 때 약을 잘 안 발라서 여드름 흉터가 생겼던 것처럼 말이에요. 나한테 일어나는 나쁜 일은 모두 내 잘못이에요. 더 좋은 보살핌을 받았으면 좋았을 텐데 그럼 나도 달랐을 텐데. 내가 뭘 하든 다 잘못됐어요. 무슨 일이 일어나든 다 벌이에요."

"인생 속에는 아주 많은 축복이 있는 것 같아요. 내 삶은 하나의 축복이에요. 그러나 벌 받는 마음 속에서 인생은 저주에요. 너무도 많은 저주들. 이제 나는 저주보다 축복을 더 많이 느껴요. 축복 속에서 저주가 나와요. 나라는 영원한 동반자와 전보다 더 잘 붙어다니는 것 같아요. 추락이 멈추지 않았던 그 때는 벌이 끝없이 계속되었어요. 축복에 대해서 생각해요. 여기 사는 것이 재미있어요. 세계에서 가장 위대한 도시에 살면서 이런저런 일을 해볼 수 있잖아요. 좋아하는 일들이 많아요. 저주의 핵심은 남자 문제예요."

"어젠 일이 정말 잘 풀렸어요. 어젯밤 집에서도요. 오늘 아침에는 공원에서 조깅을 했는데 기분이 좋았어요. 지금도 아까 들어올 때보다 더 기분이 좋아요. 이제 일하러 갈 준비가 됐어요. 기대가 돼요. 나는 일이 정말 좋아요, 같이 일하는 사람들도 좋고요. 그렇지만 생각해보면 남자친구가 없는 게 벌써 몇 년째예요. 결혼한 사촌 생각을 해요."

"기분이 아주 좋을 수 있었는데, 어머니가 전화해서 잠시 쉬거나 다른 도시로 이사 가는 게 좋겠대요. 어쩌면 어머니에게 돌아가야 할지도 모르겠어요. 다 잘못되었으니 지금까지 내가 쌓아온 모든 것을 포기해야 할지도 모르겠어요. 엄마가 내게 원하는 것은 이게 아니거든요."

"나는 행복 한가운데 앉아 있는데, 엄마는 내가 잘못 살고 있대요. 남편은, 아기는, 가족은 어디 있느냐고 물어요. 아버지는 내가 일만 너무 열심히 하고 사근사근하지 못해서 남자들이 무서워하는 것 같대요. 신문에 광고를 내야 할까 봐요. 신부 수업도 받고 남자 테니스 파트너도 찾아보고요. 일은 좀 덜 하고 데이트 하는 데 시간을 더 많이 써야겠어요."

제니는 일상적인 좋은 기분에 대해서 묘사했다. 이는 우리가 수년 동안 함께하면서, 지옥을 겪어내면서, 그리하여 훼손되었던 좋음이 다시 수면으로 떠오르게 만듦으로서 실제 이루어냈던 것이다. 그녀는 공격 밑에 축복이 존재하고 있음을 느꼈다. 이제 그녀는 공격이 시작됨을 저 멀리서도 느낄 수 있었다. 그것이 다가오는 것을 보았고, 그에 대처하는 좋은 방법을 알고 있었다. 그녀는 심성의 중심에 존재하는 좋음을 신뢰했다. 행복의 흐름을, 살아있다는 만족을 믿었다. 공격이 일어나 의심으로 혼란스러울 때도 그 중심이, 그 만족이 존재함을 알고 있었고 이를 믿었다. 수수께끼, 조롱, 좋음에서 생명을 빼앗는 것들.

공격이 승리했기에 붕괴가 일어났다. 중심의 사랑 지점이 침략당했고 무너져 내렸다. 그녀의 정신적 붕괴는 상실과 패배의 비명이었다. 나치식 영혼이 영원히 승리할지도 모른다는 끔찍한 울음이었다. 이를 회복하지 않고서는 어떤 일도 불가능했다. 자기감각이 회복되어야 했다. 이를 '아닌 것'과 '너무한 것'으로부터 되찾아와야 했다. 6년이 흘렀지만 우리는 여전히 시작 지점에 있었다. 그러나 더 이상 같은 장소에서 시작하지는 않았다.

제니는 여러 번 부모에게 속아 부모가 이야기한 남자와 데이트를 했다. 그녀는 부모가 좋아하는 화려한 스타일의 남자에게 매혹되곤 했다. 그렇지만 오래 만났던 유일한 남자는 부모가 퇴짜 놓았던 더 평범하고 단순한 남자였다. "그놈이랑 뭐하는 짓이니?" 부모는 물었다. 부모가 보기에 딸은 더 나은 남자를 만나야 했다.

지금보다 더 잘할 수 없을 거라는 사실을 그녀는 알지 못했다. 그녀는 그를 좋아했고 그 역시 그녀를 좋아했다. 그들은 함께 좋은 시간을 보냈다. 그는 그녀를 깊이 사랑했고, 그녀 역시 그에게 사랑을 느꼈으나 확신하지는 못했다. 그녀는 더 잘할 수 있을 거라는 생각 때문에 사랑을 의심했다. 그와의 관계라는 생생하고 실제적인 현실은 굉장히 좋았다. 그러나 그녀는 더 잘하기 위해 관계를 끊었다. 그는 좋은 경력을 쌓아갔고 좋은 가정을 이루었다. 반면 그녀는 사랑하는 법을 모르는 겉만 화려한 남자를 쫓아다녔다. 그녀는 사랑 대신 이미지를 선택했고 그 둘을 헷갈려 하였으며 결국 붕괴되었다.

"저는 여전히 그러고 있어요" 그녀가 말했다. "이번 주에도 부모님이 정해주신 남자랑 데이트 한다는 것을 스스로도 믿을 수가 없어요. 물론 그 남자 폭탄이에요. 항상 그랬던 것처럼요. 나는 도대체 나아지지가 않아요. 우리 둘 사이에서 실제적인 사건은 절대로 일어나지 않을 거예요. 애당초 바라지도 않아요. 그렇지만 저는 여전히 부모가 원하는 것을 하게 돼요. 나도 그것을 원하는 것 같아요. 물론 전에 그랬던 것처럼 간절하게 원하는 것은 아니에요. 더 이상은 아니에요. 이제 내가 무슨 짓을 하고 있는지 재빨리 알아차려요."

"부모님의 불안은 날 당황시키는 일종의 소음이에요. 나를 자신에서 잡아끌어내고 좋은 기분을 망쳐버려요. 부모님뿐 아니에요. 사회나 동료가 주는 압박들, 그리고 당연히 따라야 하는 의무들도 마찬가지에요. 물론 결혼해서 가정을 꾸리는 것은 분명 좋은 일이겠죠. 진정한 성취일 거예요. 동료나 부모님 때문이거나, 사회적이거나 생물학적인 혹은 유전적인 압박 때문이 아니라 나 자신을 위해서 말이에요. 그렇지만 그게 아니라면, 그 이유가 무엇이든 간에, 그러니까 나란 사람과 지금 세계 사이의 궁합이 맞지 않기 때문이든, 아니면 내가 사는 장소나 내 성질 혹은 외모나 더 심오한 무엇 때문이든, 인생에서 다른 무엇보다 중요한 것은 바로 삶에 대한 느낌이에요. 삶에 대한 진정한 느낌, 자기와 우주에 대한 감각이요."

"부모님은 내가 해체되는 것을 견디지 못하셨어요. 슬퍼하거나 불안해 하는 것을 용납하지 못하셨지요. 멍하게 있거나 아무 것도 하지 않는 것도 마찬가지였구요. 분노는 괜찮았어요. 부모님은 분노가 힘이 있다는 징후라고 생각하셨죠. '자신을 주장해야 한다, 그래야 빈틈없어 보이는 거야. 불안해 하거나 어찌할 바를 모르거나 무기력할 때가 아니라, 화가 났을 때 우리는 중요한 사람이 되는 거야'라고 하셨어요."

"나는 평생 안개 속에 있었지만, 세상 모든 것 위에 올라 선 것처럼 행동했지요. 괜찮아 보여야 했어요. 뭘 하고 있는지 잘 아는 것처럼 행동해야 했고요. 그 안개를 감추기 위해서, 안개가 없는 것처럼 가장하기 위해서 수많은 일들을 했어요. 부모님은 안개의 존재를 인정할 수 없으셨죠."

"나는 일종의 통합광狂이 되었어요. 실제 느끼는 것보다 더 온전한 것처럼 행동했지요. 실제 나 자신보다 더 빈틈없고 냉정했어요. 일을 잘 해내는 능력이 있었기에 더 그렇게 느낄 수 있었죠. 나는 친구 관계를 잘 유지하는 법을 배웠어요. 심지어 친구가 되고 싶지 않은 사람들하고도 말이에요. 그렇지만 너무 멀리 나아갔고, 그래서 무너졌어요. 흐트러져도 괜찮은 장소가 세상엔 단 한 곳도 없었어요. 그리고는 혼란이 나를 압도했지요."

"다른 사람들은 이런 사태에 대해서 다들 알고 있나요? 세상 사람들이 다 알고 있는 것을 이제야 배우고 있는 건가요? 선생님은 내가 빈틈없고 냉정하라고 압박하지 않으세요. 나를 내세우라고 하지도 않으시고요. 선생님은 내가 흐트러져도 괜찮다고 말씀하세요. 내가 해체되어도 놀라시지 않는 것 같아요. 이 치료법에 대해서 아는 사람이 또 있나요? 이 해체 요법이요. 이것은 나를 구원해 줘요."

"일생 동안 나는 다른 사람들 위에 있었어요. 또 나 자신 위에 살았죠. 이제 생각해보니 부모님은 조금이라도 붕괴가 시작된다면 더 큰 붕괴가 일어나지 않을까 노심초사하셨던 것 같아요. 그 역도 마찬가지고요. 한 번에 조금씩 붕괴되는 것을 용납치 못했기에 대붕괴가 일어났어요. 일단 대붕괴가 일어나자 있지도 않았던 작은 붕괴들마저 더 증폭되었지요."

"해체되지 않기 위해서 너무도 많은 압박을 느꼈어요. 방어적인 통합이었죠. 그렇지만 실패했어요. 다른 사람 뒤에 있다는 것은 너무도 힘든 일이었죠. 나는 아래로 내려갈까 봐 두려웠어요."

잠시 동안, 나는 제니가 느끼는 압박이 조금이나마 줄어든 것을 느꼈다. 내가 모든 사람들 아래에 있는 것 같았다. 비천한 벌레. 자유로움. 올라갈 이유가 없고 노력할 이유도 없다. 진흙 속에서, 곤죽 속에서, 검댕 속에서 나의 길을 가기. 다른 사람이 더 나아지고, 더 긴장하도록 내버려두기. 그 모든 것들이 다 떨어져 나가도록 허용하기.

제니가 웃었다. 그녀는 약간 멍한 상태로 이완되어 있었다. 열려 있었고, 조용히 감사하고 있었으며, 다음에 어떤 일이 일어날지 전혀 알지 못했다. 그녀 얼굴은 오랜 병에서 벗어날 때, 혹은 열이 내릴 때 몸이 느끼는 온화함을 발산하고 있었다.

"어느 땐 여러 조각으로 잘려 각기 다른 방향으로 꿈틀거리며 기어가는 피투성이 벌레가 되어 여기에 와요. 그런데 이 방을 나갈 때면 정신이 붕 떠 있는 것처럼 느껴지죠. 왜 그런지 모르겠지만 그래요."

나는 제니가 거짓된 희망, 그리고 거짓된 행복과 전율 속에서 상담실로 왔던 날들을 기억한다. 그 거짓들은 결국 그녀를 잘라놓았다. 이제 그녀는 미미하나마 평화peace 속에서 상담실을 떠난다. 전처럼 여러 조각piece으로 잘려진 채가 아니라 말이다. 이제 그녀는 사람들이 서로에게 무엇을 해줄 수 있는가에 대한 미묘한 신비를 맛보기 시작하고 있다. 새로운 느낌의 흐름들이 생겨나고 있다.

"옷장 먼지를 털고 있는 꿈을 꾸었어요," 달리아가 말했다.

그녀는 쓰고 있는 시에 대해서, 자신을 방해하는 것들과 그에 대항하는 투쟁, 그리고 기쁨에 대해서 이야기했다. 갑자기 그녀는 자신이 좋아하는 성 테레사 수녀의 책들을 떠올렸다. "테레사 수녀님의 책들은 날 고무시켜요. 난 그 책들을 경외해요. 수녀님은 갈 수 있는 모든 곳으로 나아가세요. 끝까지 진실한 자기를 따르시지요." 달리아는 성 테레사 수녀의 신비주의적인 여행에 대해서 이야기하다가 진솔하게, 그러나 자기비난조로 다음과 같이 결론을 내렸다. "난 수녀님처럼 그렇게 열심히 일할 수 없어요. 그러고 싶지도 않고요."

"시란 진짜 자기의 먼지를 털어주지요" 나는 말했다.

"치료도 그럴까요?" 그녀가 물었다. "전 그냥 겉만 털어내고 있는 것 같아요. 성 테레사 수녀님은 옷장 속으로 들어가 문을 열어젖혔고 그 안으로 깊이 들어가셨죠. 그렇게 진짜 자기에서 먼지를 완전하게 털어냈어요. 그러나 옷장을 터는 일만 해도 쉬운 일이 아니에요."

옷장 청소부가 되는 일은 수치스러운 것이 아니다.

창조적 상상은 사악할 수 있다. 나는 한 사람이 상대에게서 어떤 색깔 혹은 아름다움 한 조각을 보고 이를 빼앗아 버리는 사태에 대해서 생각한다.

어느 날 베스는 카렌을 만났고 카렌 옷의 멋진 붉은색에 대해서 이야기하기 시작했다. 베스는 흥분해서 이를 이런저런 천사에 비유하였고, 또 이런저런 심리적 특질과 그 정신적 의미에 대해서 떠들었다. 그리고 특히 사랑스러운 붉은색의 심오한 신비주의적 의미에 대해서 말했다.

카렌은 나이가 많았고 아팠으며 고통이 심했다. 잘 걸을 수도 없었다. 카렌에게 육체는 불행의 원천이었다. 베스는 이야기를 멈추지 않았다. 카렌은 베스가 자신을 전혀 보고 있지 않다고 느꼈다. 베스는 날개를 격렬하게 펄럭이며 카렌을 보지 못하고 지나쳐버렸다.

나는 타마요Tamayo[23]의 <행복한 어머니>라는 그림을 본 적이 있다. 아기를 안고 있는 어머니는 소름끼칠 정도로 황홀한 표정을, 기괴하기까지 한 표정을 짓고 있다. 그리고 어머니 젖가슴에 꼼짝 못하게 붙잡힌 아기는 십자가에 매달린 예수 그리스도처럼 양 팔을 밖으로 뻗고 있다.

황홀은 계몽 이상이다
계몽은 황홀 이상이다

위축되어 잔뜩 웅크린 사람 속에 있는 모든 것은 가없이 무한하다.

빛 중의 빛이 존재한다. 이를 보면 모든 의문이 사라진다.

역주 23) 루피노 타마요Rufino Tamayo, 1899-1991. 멕시코 미술가. 멕시코의 전통 미술을 유럽의 현대 회화, 특히 파블로 피카소와 앙리 마티스의 양식과 결합시킴으로써 단순함과 강렬한 색채가 돋보이는 그림들을 만들어냈다.

그보다 더 아름다운 것은 없다.

우리는 안전감과 신뢰를 느낀다.

죽음이 어떠하던 간에, 그 빛의 존재 속에서 우리는 만족을 느낀다.

우리가 이렇게 살든, 저렇게 살든, 지옥 혹은 연옥이나 천국 아니면 무를 통과하든, 아니면 다시는 살 수 없든 간에, 지금 우리는 영원히 산다.

우리는 그 빛에 대해서 아무것도 묻지 않는다. 그냥 존재할 뿐이다.

"누가 나를 보냈다고 말해야 하나요?" 모세는 물었다. "그냥 존재가 보냈다고 말하라"

그 빛이 병을 치유할 수 있는지, 장수나 성공을 가능케 해주는지 나는 알지 못한다. 오로지 가슴 속에 웃음을 불러일으킨다는 것만을 안다.

사실 자신이 웃고 있는지 아닌지조차 알지 못할 수도 있다. 그냥 보고 느끼는 것뿐이다.

그 빛은 안에 있는가, 밖에 있는가? 피부 속에, 땀구멍 속에, 자기 속에, 아니면 상상 속에 있는가? 빛 그 자체인 어떤 시각적 요소. 가슴이 충만해짐을 느끼고 온몸의 피부와 사지에서 긴장이 풀린다.

어쩌면 홀로일 때 그 빛을 더 강렬하게 느낄 수 있는지도 모른다. 물론 꼭 그래야 하는 것은 아니다. 빛을 통해 나는 타인을 더 명료하게 본다. 타인의 삶의 진실을 느낄 수 있고 빛이 그 속에서 빛나는 것을, 그리고 그를 넘고 관통해서 빛나는 것을 느낄 수 있다. 그 인생 전체의 통렬함을, 그 아름다운 비극을, 사랑과 고통을, 기쁨이 일어나고 지나가는 것을 느낄 수 있다. 빛은 단순히 그냥 존재할 뿐이다. 하나의 축복. 빛은 축복을 내리고, 두려움을 진정시키고, 신성함을 보태어 준다. 이 빛에 대해 이야기하는 것은 좋은 일이지만 직접 보게 되면 이를 묘사할 수도, 이에 대해 캐물을 수도 없다.

나는 빛을 찾는 데 수많은 치료 회기를 썼다. 한 사람 안에, 그 주위에, 그 위에 존재하는, 혹은 그 사람을 관통하는 빛, 그리고 우리 사이의 빛을 찾아서. 나는 또한 수많은 회기를 지치고, 몸이 무거워지고, 비틀거리고, 불퉁거리면서, 완전히 그 자리에 존재하지 못한 채 어서 끝나기만을 기다리며 보냈다. 최소한 타인에 대한 내 의견을 말하지 않으려고 노력했지만 항상 성공하지는 못했다. 우리는 가능한 한 열심히 조각들을 그러모을 뿐이다.

한 번은 정신치료의 효과를 믿지 않는 고집 센 환자 하나가 나를 직면시켰던 적이 있다. "지금 뭐 하는 겁니까? 빛을 찾는다고요?"

"그렇습니다" 나는 대답했다. "운이 좋을 때는요."

치료를 시작했을 때 이 사람은 참으로 혼란스러운 상태였다. 그래서 그뿐 아니라 나까지 혼란스러워졌지만, 우리는 이 문제에 대해서 더 가벼워질 수 있었다. 그의 삶은 나아졌다. 전처럼 고통스럽지 않았다. 그에게는 이제 아내와 아이들이 있다. 일도 더 잘 풀려갔다. 자신이 더 인간적이 되었다고 느꼈다. 내가 그를 처음 만났을 당시, 그는 거의 항상 고통을 느꼈고 그 고통은 그 어디로도 가지 않았다. 그는 자신을 엉망으로 망가뜨렸다. 관계는 실패했고 일은 흉조로 가득했다. 그는 실질적인 작업을 하지 않는다는 이유로 내게 화를 많이 냈다. 나아지고 난 후에는 치료가 아니었더라도 어차피 나아졌을 거라고 주장했다. 그러나 자신이 거짓말 하고 있다는 것을 알고 있었다. 우리 관계가 변화를 일으켰다는 것을 알았다.

나는 그의 얼굴에서 빛을 보았다. 백열하는 불꽃을 보았다. 나는 그에게 공간을 주었다. 나는 그의 엉뚱함을 좋아했고 그렇게 기다렸다.

아직도 그는 나를, 또 치료를 빈정댄다. 한 회기를 미뤄야 한다면 돈이 굳었다고 기뻐할 터다. 내가 필요 없다고 생각하기를 좋아했지만 그럴까 봐 두려워했고 그렇게 조금씩 더 나아졌다.

이제 그는 자신이 상담실 안으로 가지고 들어온 빛을 내가 보고 있다는 것을 깨달았다. 그 빛에 대해 농담을 던졌지만 진심으로 이를 무시하지는 않았다.

왜 무당에게, 아니면 영적 치료사에게 가는 것이 도움이 되지 못했을까? 전통적인 영적 체험에 몸 담구는 것이 왜 그를 더 나아지게 만들지 못했을까? 왜 나를 만나는 것이 필요했을까? 정신분석 치료가 빛에 진정 무엇인가를 더해줄 수 있다는 말인가? 빛은 분명 정신분석 치료에 무언가를 더해준다.

이 환자는 전통 종교들을 비웃었다. 그에게 종교는 모두 공허했다. 오히려 비교秘教 적 영적 현상에 더 마음이 열려 있었으나 이 역시 고통에서 벗어나는 걸 도와주지는 못했다. 정신분석 치료는 그에게 더 자연스럽게 느껴졌다. 이것 역시 업신여겼지만 말이다. 비웃을 수 있는 친숙한 무언가가 필요했을지도 모르겠다. 어쩌면 그는 나를 편안하게 비웃었을 것이다. 내가 이를 받아들일 수 있고 이를 좋은 쪽으로 활용할 수 있을 거라는 사실을 감지했기에.

그는 자신의 삶에 대해서 이야기할 필요가 있었다. 어린 시절의 모순된 행동들과 걱정, 살아있다는 고통, 자기 같은 사람이 되는 일의 고통, 나락으로 떨어지는 것 같았던 실패와 부분적 성공들, 그 모든 삶의 목록들에 대해. 그에게 치료는 큰 소리로 명상하기 혹은 큰 소리로 기도하기와 어느 정도 비슷했다.

치료는 수없는 농담들의 사격장이었다고 말해도 틀리지 않았다. 그러나 자신의 삶에 대해서 계속 이야기해 간다는 것은 사치에 불과한 것이 아니다. 자기에 대한 그림이 떠오르기 시작하고 갈망에 사로잡힌다. 고통의 비명이 입술을 빠져나온다. 기쁨과 승리를 함께 나눈다. 단순히 자신에 대해 더 잘 알게 되는 문제가 아니다. 자신이 무엇을 헤쳐 왔는지, 무엇을 헤쳐 나가야 하는지에 대한 '감feel'을 잡게 된다. 그 자신인 순간, 그 자신이어야 하는 순간의 '감'을 잡는다.

정신분석적 청취는 다른 어떤 방법과도 다르다. 라캉은 다른 어떤 실천도 이보다 더 실제적일 수 없고, 경험의 심장에 더 잘 가닿을 수 없다고 썼다. 이는 정신분석이 사랑을 나누고 영화에 대한 감상을 공유하고 일하고 야구를 보러 가고 신비한 경험을 하는 일을 대체할 수 있다는 의미가 아니다. 그러나 다른 어느 곳에서, 우리 둘 혹은 그 이상의 사람들이 자신의 느낌에 함께 집중하면서, 그 느낌이 지닌 미묘한 뉘앙스를 더 깊이 탐색해 나갈 수 있겠는가? 그리하여 그 어디까지라도 추적하여 닿을 수 있는 영역을 넘어설 수 있겠는가?

이러한 일이 세속적 정신 속에서 이루어지기에 자유롭다. 신성에 대한 감각과 함께 이루어지기에 종교적이다. 사람들 사이에서 이루어지는 모든 것은 잠재적으로 다 가치가 있다. 거의 모든 것을 우리는 활용할 수 있다. 이는 특정한 유형의 듣기와 느끼기를 통해

가능하다. 두 사람이 모든 것을 함께 느끼려고 애쓰면서 정직의 한계를 발견한다. 그 어떤 생각이든 가능하다. 그렇지만 요령이 필요하다.

라캉은 우리가 꿈에 대해 아는 것은 단지 꿈의 흔적에 불과하다고 말했다. 꿈은 그 자신의 뒤로 사라진다. 꿈속 이미지나 토막난 줄거리, 그리고 감정의 조각들에 대해서 우리는 많은 작업을 해야 하지만 더 많은 것들이 밝혀지지 못한다. 무의식은 자신이 제공한 것 뒤로 사라진다.

이는 고대 지혜가 들려주는 말씀과 비슷하다. 자기가 발원한 지점에서 자기는 사라진다는 것이다. 전형적인 난해, 그 자체로서의 신비.

프로이트는 꿈의 배꼽에 대해서, 어떤 밀도에 대해서 이야기했다. 꿈은 배꼽에서 나왔다가 다시 그 배꼽 속으로 사라진다. 일종의 매듭, 하나의 상처 자국. 우리가 꿈의 배꼽을 통과한다면 무엇을 발견하게 될까? 그 통로라는 것이 존재할까? 그 통로만이 유일하게 필요한 것일까?

라캉은 무의식의 작동을 묘사하기 위해 '상처 자국cut'이나 '박동하는pulsative'과 같은 용어들을 사용한다. 이 용어들과 여성 성기와의 연관성은 우연이 아니다. 라캉은 무의식적 처리 과정이 '틈새slit[24)] 의 박동'이라고 말했다. 열리고 닫히는 리듬의 조화. 무의식은 열리면서 닫히고 닫히면서 열린다.

프로이트는 죽음 충동의 병리를 정신적 리듬, 타이밍, 흐름의 이상과 연관시켰다. 그에게는 여성적 황홀이 좀 부족하다.

많은 꿈들이 관통에 대한 공포를 보여준다. 편집증은 일종의 정신적 질경련vaginismus 이다. 틈새의 박동 – 여성적 황홀 – 이 얼어붙어 딱딱해진다.

우리는 굴복의 전조인 두려움이 정확하게 어디 있는지 찾으려 한다. 우리는 인격의 유동적 요소들이 무엇으로 남아있는지 알고자 한다.

역주 24) 이 단어 역시 속어로 여성의 성기를 의미한다.

프로이트의 문장 'Wo es war, soli Ich werden'에 대한 표준 번역은 '이드가 있던 곳에, 에고가 존재할 것이다Where id was, ego will be'이다. 라캉은 자아가 이드를 몰아내는 이같은 전투적 정신에 반대했다. 그는 프로이트의 문장을 다음의 방식으로 이해한다. '그것이 있는 곳에 내가 갈 것이다. 당신이 있는 곳에 갈 것이다. 당신을 따를 것이다. 나는 당신-그것과 함께 갈 것이다. 꿈의 장소로 되돌아갈 것이다. 꿈의 배꼽을 통해 꿈이 발원하는 곳으로 되돌아갈 것이다.'

다음과 같은 정식화도 가능할 것이다. '내 집은 무의식의 영역 속에 있다. 아직 현실화되지 못했고, 현실화가 불가능한 무의식. 내 집은 신비이다.'

당신은 꿈의 신비 속에서 내 집처럼 편안하다.
꿈 배꼽과 그 너머에서.
꿈이 소멸하는 곳에서 내 집처럼 편안하다.

여성적 황홀을 영적 통로로 본 슈레버는 옳았다. 그는 성적 오르가즘을 느끼는 여성, 즉 신의 연인이자 신령한 신부가 되고자 하는 욕망에 매혹되었다. 굴복이 테러, 강간, 살인, 상실과 경쟁했다. 뭔가가 끔찍하게 잘못되었다. 너무도 많은 악惡 속에서 리듬이 박동했다. 굴복과 통제 사이에 끊임없이 변하는 전선戰線이 형성되었다. 외상이 갈망과 상실을 증폭하고 훼손시켰다.

보리스 : "구멍이 있어요. 나는 약물로, 일로, 결혼과 외도와 치료로 이를 채우려 해요. 그러나 어느 것도 채우지 못해요. 나는 통제광이에요. 보스가 되어야 해요. 누구의 이야기도 안 듣거든요. 내 인생 전체가 치료 회기가 되었으면 좋겠어요. 모든 사람이 나에게 집중하게요. 나는 얘기를 멈출 수 없어요."

보리스는 중독자들과 열심히 작업한다. 그는 사람들을 돕는다. 또한 훌륭한 관리자이기도 하다. 그는 계산에 능하며 중독자들을 위한 프로그램을 조직하는 데 많은 기여를 한다. 사람들은 그의 숙련된 감각뿐 아니라 책임을 맡고 일들을 한 데 모아 조직해내는 능력에 감사한다.

그는 통제하는 자리를 즐긴다. 그러나 타인이 자신 나름의 삶을 살 수 있는 여지를 남겨주며 사람들은 그런 부분을 고맙게 여긴다. 그들은 그가 제공하는 구조를 좋아하며 효율성에 대한 그의 명료한 감각을 인정한다. 그는 좋은 지도자다. 사람들이 자신을 위해 좋은 일을 하도록, 파괴적 성향보다는 건전한 성향을 따르도록 이끌기 위해 노력한다.

보리스는 굼뜨지 않다. 가벼운 감각을 지니고 있다. 여러가지 생각, 꿈, 환상, 여러 관점을 가지고 노는 것을 즐긴다. 사람들과 정신적인 춤을 추는 데 능하다. 그들은 때로 경악하고 자주 기뻐한다. 그는 사람들을 통제하면서도 동시에 여유를 주는데, 이는 그가 극도로 상황에 초연하기 때문이다. 무엇인가 빠져있다. 그에게는 현실이라는 느낌이 없다.

"나는 파티에 능숙해요. 너무나 초연하거든요. 파티란 일종의 오락이에요. 그건 사실 별로 중요치 않아요. 물론 나도 좋은 시간을 보내고 싶어요. 아무것도 중요하지 않기 때문에 나는 그냥 즐겨요."

보리스는 잘하는 것들에 대해서 이야기한다. 파티를 좋아하고, 돈을 벌고, 자기파괴적인 사람들을 제어하고. 그러나 공허가 있다. 나는 프레드 아스테어Fred Astaire[25)]의 초연함에 대해서 생각한다. 그는 자신 위에 서서 자신의 몸이 움직이는 것을 관찰할 수 있었다. 나는 문화 이론 및 실천의 관점에서 공평한 초연함에 대해서 생각한다. 보리스는 그 싹을 지니고 있었으나 무언가를 상실한 상태였

역주 25) 미국의 영화배우, 1899-1987.

다. 그는 삶에 대한 '감'을 잃고 있었다. 그리고 자신이 삶에 대한 감을 잃어가는 걸 관찰하는 데 능숙했다.

그는 통상적인 공허한 인간이 아니다. 그는 천복天福, bliss[26]을 믿는다. 조셉 캠벨Joseph Campbell의 '당신의 천복을 따르라Follow your bliss'. 그는 여기에도 능숙하나 – 너무도 자주 구멍이 천복을 집어삼켜버리거나, 천복을 따라 되돌아온다. 그럼에도 포기하지 않는다. 그는 열심이다. 천복이 현실이며 구멍은 비현실이라고 믿는다. 비현실성은 종종 현실보다 강하고 그렇게 현실을 말소해 버린다. 믿음 덕에 그는 비현실 속으로 영원히 빠져들어가는 사태를 피할 수 있다. 그 믿음은 현실을 지켜준다. 그는 어렵게 배웠다. 파괴성에 강박적으로 몰두하는 것보다 좋은 일을 하려고 노력함으로써 더 편안하고 더 쉽게 살 수 있다는 것을. 가능하다면 좋은 쪽에 머물러 있는 것이 더 실속이 있다. 그는 일종의 정신적 수학을, 계산과 통제라는 속성을 지닌 실용적 초월을 살아내고 있다. 나는 그 안에 기본적 선함이 있음을 감지하고 그도 이를 인정한다. 이는 작동하지만 그를 채워주지는 못한다.

그는 아이들에게 헌신하지만 아이들 역시 그 구멍을 채우지 못한다. 아이들과 함께 있으면 어느 면에서 현실을 가장 강하게 느낄 수 있다. 그러나 지속되는 초연함이 조만간 다시 주도권을 잡는다.

역주 26) 조셉 캠벨의 이 단어는 희열, 지복, 행복 등으로 다양하게 번역된다. 여기에서는 <신화의 힘>에서 이윤기 선생의 번역을 따라 천복이라고 옮긴다.

아이들은 아빠의 초연함과 감정의 소멸에 좌절을 느끼지만 동시에 그의 선의와 통찰력에서 혜택을 얻는다. 그의 공허는 양날을 지니고 있다. 이는 사람들을, 특히 그 자신과 아이들을 도우면서 동시에 좌절시킨다.

우리 둘 사이에서 고착이 일어나는 이유는 바로 그가 고통을 믿지 않기 때문이다. "사라진 고통들은 다 어디에 있나요?" 나는 묻는다. 그는 짐짓 겸손하게 피식 웃는다. "오래 전에 잃어버렸어요" 그는 말한다. "나는 고통 없이 사는 법을 배웠지요." 그는 혼돈 속에서 자신을 못살게 굴었던 어머니에 대해서 이야기한다. 어머니는 혼란 그 자체였다. 삶에 이득이 되는 혼란이 아니라 상처를 주고 학대적이며 통제적인 혼란. 그가 느끼기에 어머니는 한 명의 인간으로서 그에게 아무런 도움이 되지 못했다. 어머니는 자신을 아들에게 쏟아 부으면서 인격의 가시로 아들을 찔러 자신 옆에 붙잡아 놓았다. 아버지는 사라짐을 실천했다. 기껏해야 무관심한, 의미 없이 텅빈 격려만을 늘어놓았다. 나는 보리스의 이야기 속에서 사랑의 은밀한 저장소를 찾아보려 했다. 그러나 그는 사랑이 충분치 않음을 직면하고는 그 감정을 잠궈버렸다고 했다. 느낌을 잠궈버리는 것은 습관이 되었고 습관은 현실이 되었다.

파괴적인 세월을 오래 보내고 난 후에야 보리스는 그 나락에서 빠져나올 수 있었다. 약물이나 자해 행동으로 자살하게 될까 봐 스스로 두려워하던 때가 있었다. 그러나 살아남으려는 실처럼 가는 의지가 조금씩 더 강해졌고 출발이 잘못되었음에도 불구하고 삶을 제 궤도로 다시 되돌릴 수 있었다. 그는 목숨을 구했고 사랑하는 것들과 함께 사는 방법을 찾았다. 그러나 대신 자신에 대한 감을 잃어버렸다. 어쩌면 보리스 당신은 스스로를 바로잡을 만한 능력과 감각이 있으니 자신에 대한 감 역시 있을 거라고 생각할지도 모르겠다. 나도 그렇게 생각하지만, 그에게 이는 비현실적인 이야기였다. 그는 자신에 대한 감 없이 살았고 자신을 드러내야 하는 순간에 그렇지 않고서도 충분히 호감을 주는 법을 배웠다. 보리스는 자신의 상황에 대해 단호하게 정직했고 그런 면에서는 나보다 더 나았다.

고통을 발견하지 않고 자기에 대한 '감'을 되찾는 것이 가능할까? 통증pain과 고통agony은 다르다. 보리스는 고통이 아무런 이득이 되지 않는다고 생각했다. 그는 사람들이 쓸데없는 괴로움에 중독되는 것을 보았다. 괴로움은 구멍을 채우기 위한 것이다. 그는 구멍이 고통에 시달리도록 내버려 둘 수 없다. 이는 좀 아프지만 분명한 진실이다. 고통에 의미 따위는 없다. 소리와 분노[27]는 아무런 의미도 담고 있지 않다. 고통이 견디기에는 너무 심했다거나 고통에는 아무 의미가 없고, 끝도 없으며 무익했다는 식으로 관념을 가지고 놀 수도 있다. 그러나 이는 말에 불과하다. 실제로는 고통이 사라져 버렸고 혹은 존재한 적도 없으며, 무無에 불과했다. 어쩌면

역주 27) 윌리엄 포크너의 소설 <sound and fury>를 암시한다.

배경에서 밀려왔다가 다시 스러지는 둔한 통증만 있을 뿐. 보리스는 울 수 없다. 그가 울려 하지 않기 때문인가? 무엇인가가 부서지기를 거부하고 있는 걸까? 아니면 부서지는 지점을 넘어서 버린 것일까? 그리하여 부서진다는 개념 자체가 더 이상 적용될 수 없는 지점에 도달한 것일까?

웨인은 받고 있는 치료에 대해 의견을 구하러 왔다. 그는 치료자를 사랑하지만, 그녀와 함께 있는 것은 고통스러워 한다. 그녀는 친절하고 유능하지만, 자신에게 거리를 둔다고 느낀다. 그녀는 그가 느낌을 표현하기를 원하지만 스스로는 자제한다.

그는 이전 치료로부터 회복하고 있는 중이다. 그 치료자는 그가 깊이 의존하도록 부추겨놓고 치료를 중단해 버렸다. 그의 마음을 열어놓고는 그의 끝없는 민감성과 예민함은 다루지 않으려 했다. 잇단 우울과 마비, 그리고 애정에 대한 갈망은 치료자를 놀래키고 압박했으며 그녀는 결국 치료를 끝내버렸다.

그는 치료자가 감당할 수 없는 사람이었을까?

겉보기에 그는 감당할 수 없는 사람이 아니다. 그는 파트너인 짐과 십오 년 간 관계를 유지해왔다. 그들은 여러 가지 실수와 시도를 통해서 같이 사는 법을 배웠고 계속 배워가고 있다. 웨인은 지금 치료자가 배움에 마음을 열지 않는 것이 답답해 미칠 지경이다. 왜 그녀는 그와의 감정적 관계를 조절하는 법을 배우지 못하는 것일까? 그녀는 뒤로 물러앉아서 전문가라는 껍질 속에 숨어버린다.

그는 치료의 일방성을 견딜 수 없다. “반투명 거울을 통해 옆방에서 누군가 나를 지켜보고 있는 것 같아요.” 치료자가 관계란 상호적으로 이루어지는 것이며 감정적 장을 같이 만들어나가야 하고 그들 사이에서 일어나는 일이 결정적으로 중요하다고 주장하지만 않는다면 견딜만 할지도 몰랐다. 그녀의 말과 행동이 다르다는 사실이 그를 격분시킨다. 너는 상호적이어야 하고 나는 일방적이어도 된다니.

그는 고백하고 그녀는 분석한다. “그녀는 그녀를 향한 내 느낌이 과거 내 가족들과 어떻게 연관되어 있는지, 그리고 타인을 향한 내 느낌이 지금 그녀와 어떻게 연관되어 있는지 보여줘요. 그것이 나를 미치게 만들어요. 내가 그로부터 무언가를, 어떤 질서 감각을 얻는다 하더라도 말이죠. 거슬리는 것은 분석 그 자체가 아니라 그녀가 분석을 이용해서 자신의 느낌을 피하려 한다는 사실이에요. 느낌과 느낌 사이의 접촉이 일어날 것 같다고 느끼는 순간, 그녀는 내 느낌의 의미가 무엇인지에 대해서 말해요. 물론 그것이 도움이 된다는 건 알아요. 그렇지만 그것은 무엇인가를 방해해요. 어떤 흐름을 단절시켜요. 때로는 의미보다 느낌이 더 중요할 텐데 말이죠.”

웨인은 잠시 멈추고 자신의 말이 내게 어떤 영향을 주고 있는지 확인했다. 내가 그에게 동의하는지, 아니면 뭔가 잘못되는 낌새가 있는지 보려 했다. "같은 공간에 함께 있는 두 사람으로서 우리가 서로에게 무엇을 느끼는지가 중요하다고 했어요. 그러나 그녀는 나를 초대해 놓고는 저 위 상공에서 내가 무얼 느끼는지 관찰하고 이해하는 데 대부분의 시간을 보냈어요. 경험하고 분석하는 왕복 운동이 있어야 한다는 것쯤은 알고 있어요. 하지만 오로지 높은 저 위에서 나를 지켜보는 눈뿐이에요. 나는 누군가에게 관찰당하는 것 이상을 원해요. 나를 느끼기도 원하죠."

"그녀가 나를 느끼는 것을 볼 수 있어요, 그리고 본인도 그렇다고 말해요. 그러나 그녀는 순식간에 거기서 빠져나와 자신이 무엇을 느끼기 시작했는지 너무도 이르게 생각하기 시작해요. 그리고는 해석을 하고 그에 대해서 의견을 나누죠. 물론 해석은 굉장히 좋아요. 그렇지만 그게 요점이 아니에요. 그녀는 해석에 능숙해요. 하지만 나는 그 이상을 원해요. 단순한 느낌을, 느끼는 존재가 되는 것을. 내 느낌에 초점이 맞추어지는 상황 자체가 내 느낌을 사라지게 해요."

"그에 대해서 얘기 나누어 보셨어요?" 나는 묻는다.

"예, 자주요. 때로 그녀는 느낌에 마음을 여는 것처럼 보여요. 그렇지만 결국 자신의 지위를 악용하는 걸로 끝나죠. 부담스럽다 싶으면 언제든 마음 내키는 대로 멈춰버리고, 그리고 나서 화살을 내게 돌려요. 이 문제에 대해서 그녀는 정직하지 못해요. 나를 돕기 위해서라고 가장하지만 사실 스스로 감당할 수 없기 때문이에요. 그렇게 거기서 빠져나와요. 몇 번은 정직해져서 자신은 능동적이어야 한다고 이야기한 적이 있어요. 능동적일 때 살아있다고 느낀대요. 그녀는 조용히 앉아서 세상이 흘러가도록 놓아둘 수 없어요. 무언가를 해야 하고 그렇지 못하면 뭔가 잘못되었다고 느껴요. 그녀는 나랑 엮이고 싶어 하지 않아요. 나와 형체없이 뒤섞이고 싶어 하지 않죠."

"그녀가 그 말을 해준 게 고맙네요. 무슨 일이 일어나고 있는지 조금은 알겠어요. 그녀의 한계를 아는 것이 좋을 것 같아요. 불가능한 것을 바라다가 마음 상하지 않도록 말이죠. 내가 원하는 것을 그녀가 원하지 않는다면 뭐 어쩔 수 없죠. 받아들일 수 있어요. 마음이 홀가분하네요. 나쁘지 않아요. 그렇지만 자기가 불편하다고 나를 분석하는 일은 내게 접촉을 바랄 자격이 없다고 느끼게 만들어요."

웨인은 치료를 계속 해나갈 수 있을지 알지 못한다. 치료를 중단한다 해도 이전처럼 상처를 입지는 않을 것이다. 무엇이 잘못되었든 간에 치료자는 거기 있다. 그녀는 마음을 닫았을지는 몰라도 그를 차버리지는 않는다. 그녀는 자신을 지키면서 작업한다. 최선을 다해서. 떠나는 사람이 이번에는 그가 될 것이다. 그는 어쩌면 그녀가 충분히 마음을 열지 않음으로써 자신을 몰아낸 거라고 느낄지 모른다. 그러나 그녀가 기꺼이 계속 노력할 거라는 것을 안다. 그것이 중요하다.

나는 웨인의 고뇌를 느낀다. 의문이 떠오르지만 그에 저항한다. 그는 처음 치료자를 만났던 순간에 대해서 이야기한다. 준비 회기에서 그녀는 두 사람 사이에서 일어나는 교감에 기반한 생생한 만남에 대해서 이야기했다. 이 치료자는 텅 빈 화면이 아니다. 웨인의 이야기를 들으며 나는 정신분석이라는 장이 지금 얼마나 혼란스러운지에 대해 생각했다. 수많은 치료자들이 오래된 패러다임과 새로운 패러다임 사이에서 뒤엉켜 있다. 모든 것이 변하고 있다. 우리는 낡은 것과 새로운 것 사이를 번갈아 왕복하면서 문제를 처리해야 한다. 우리는 알지도 못한 채 이 안에 사로잡혀 있다. 상황은 웨인이 상상하는 것보다 더 심각할 수도 있다. 나는 나 자신의 인격에 완전히 가로막혀 있는 것 같다. 우리는 하나의 생각이나 느낌, 의지나 믿음, 상상하는 스타일에 속박당할 수 있다.

"치료가 참 고통스럽다고 말하고 계시네요" 나는 과감히 말해본다. "당신은 지금 이 곤경이 이전에 빠져들었던 곤경을 반영하고 있다는 것을 이해하고 계신 것 같아요. 이전보다 낫긴 하지만 여전히 지독하게 괴롭지요. 그리고 당신이 스스로를 열면 열수록 위험은 더 늘어나요. 당신은 그녀의 인색함과 두려움 때문에 속았다고 느끼지만 동시에 선의와 용기의 양분을 빨아들이지요. 잔치에 초대받았는데 그녀가 자꾸 숨는다고 느껴요. 그녀의 전문성이 당신을 돕지만 이는 동시에 당신을 괴롭히지요. 어쩌면 모든 치료가 다 부족한 면이 있겠지만, 당신은 이를 직접 확인하고 싶어 해요. 당신은 일반화에 만족하지 못해요. 치료 관계라는 것이 무엇을 품을 수 있을까? 무엇을 할 수 있을까? 어디까지 나아갈 수 있을까? 우리는 알아내기 위해 노력하고 있어요."

"삶이란 실현할 수 없는 약속인가요?" 웨인은 궁금해 한다. "나는 그렇다고 생각하지 않아요. 그게 궁금한 게 아니에요. 어느 정도는 스스로도 알고 있는 것 같아요. 마지막 회기가 끝나고 항우울제를 먹었어요. 그 덕에 힘든 순간은 넘겼지만, 그 대신 약이 내게서 뭔가를 훔쳐간 것 같아요. 약은 내 안에다가 그 아래로 내려갈 수 없는 선을 그어요. 원하는 것 이상으로 나를 들어올려요. 그래서 약 먹는 것을 그만두었어요. 감당할 수만 있다면 비탄과 공포를 느끼는 게 나아요. 내 안의 지하실까지도 생생하게 느꼈으면 좋겠어요. 선 위에 머무르는 건 기분은 좋지만 생생하지는 않아요. 내 치료자는 약 끊은 것에 대해서 불안해 해요. 내가 이전으로 되돌아가기를 원해요. 내가 약 먹기를 원하는 이유는 이 치료가 자극하고 있는 느낌들을 없애기 위해서라고 말해주었어요. 우리는 서로 반대쪽에서 이 문제에 접근하고 있어요. 대면해야 하는 생생한 문제들이, 생생한 느낌들이 있어요. 그러나 그녀는 약이 이를 조절해 주기를 원해요."

웨인은 공포를 느끼는 걸 즐기지 않지만 기꺼이 고통을 끝까지 쫓아가보려 한다. 그렇다면 어떤 일이 일어날 거라 믿는다. 그는 누군가 자신을 신뢰하기를 바란다. 그의 치료자는 고통을 그처럼 믿지는 못하겠다고 솔직히 이야기했다. 그것은 그녀의 방식이 아니다. 그러나 웨인은 생각이 다르다. 그는 최악을 이겨냈던 경험이 있다. 이미 끔찍한 일을 겪어냈고 더 갈 수 있다고 느낀다. 그렇게 이야기하면서 울기 시작한다. 나는 언제부턴가 그가 화를 내며 울고 있었다는 것을 깨닫는다. 그는 울음을 통해 자신을 드러낸다. 빛 속에서 무너지고 있다. 그가 온힘을 다하고 있다는 걸 느낀다. 그럴 준비가 된 후에야 그는 멈출 것이다. 아니 결코 멈추지 않을 지도 모른다.

우리가 인생 전체를 무언가를 준비하는 데 써버린다면 어떻게 될까? 살아가는 내내 울기만 한다면? 웨인의 치료자가 옳았다면 어찌할 것인가? 봉해버리고 서둘러 지나쳐버려야 한다면.

웨인은 기꺼이 빛의 순간에 모든 것을 걸려 했다.

그러나 평생 슬픔이 그를 빛과 접촉하게 해준다면 어쩔 텐가?

머리에서 발끝까지 뻗쳐내려오는 빛이 바로 슬픔이라면?

슬픔이 잦아들고 빛이 사방을 채우는 순간들이 있다.

혼합기mixmaster 속의
큰 마음-작은 마음
큰 가슴-작은 가슴

로렌은 말한다. "나는 다른 어디서보다 바로 이곳에서 가장 명료하게 사고할 수 있어요. 선생님은 생각이 일어나는 그런 분위기를 만드세요. 생각들이 한 데 모여요. 다른 곳에서도 이렇게 사고할 수 있다면 글을 쓸 수 있을 텐데요."

로렌은 또 신체 조각들이 신체 자아body ego 속으로 함입된다고 말한다. "한번도 이루어진 적이 없는 일이에요. 내 몸의 조각들이 이렇게 한 데 모이는 건요. 엄지손가락, 위, 척추... 몸에 나쁜 것들을 너무 많이 먹어버린 것 같아요. 참을 수 없었어요. 내 몸을 이어 맞추려고 노력하고 있어요. 거부할 수 없었던 그 모든 괴상한 음식들은 받아들일 수 없는 나 자신의 조각들이에요."

마음 이어 맞추기
몸 이어 맞추기

자기 이어 맞추기

모이기↔흩어지기. 리듬, 박동, 이중의 진실. 살아있다는 것이 어떤 느낌인지 혹은 생생한 삶이 어떻게 움직여 가는지 이야기하는 하나의 방법. 로렌의 경우, 리듬이 파열되었다. 치료는 그 안에서 정신이 숨쉬기 시작할 수 있는 어떤 분위기였다. 자발적인 리듬이 다시 시작될 수 있는 기회. 안↔밖, 함께↔따로.

로렌은 치료 회기 안에서 일어나는 일이 회기 밖에서도 일어날 수 있다면 글을 쓸 수 있을 거라고 느꼈다. 그녀는 글을 쓸 수 있기를 소망했다. 그리고 그런 순간에는 자신이 살 수 있는 이유가 회기 안에서 일어나는 일이 이미 밖에서도 충분히 일어나고 있기 때문이라는 것을 잊어버렸다. 우리가 함께한 수년의 시간을 통해 그녀는 인생을 얻었다. 더 나은 인생을. 그녀는 진정으로 살고 있었다. 자신이 가능하다고 상상했던 것보다 더 깊이 삶 속에 들어와 있었다.

천복이 고통을 따라잡는다. 그 지독한 고통은 결코 멈추지 않지만 말이다.

고통은 천복이 통과하는 터널이다.

수 년 전에는 고통이 더 일상적이었고 천복의 순간은 드물었다. 고통과 천복은 서로 멀리 떨어져 있었다. 천복은 드물었기 때문에 막대한 충격을 주었다. 로렌은 천복으로 가득한 순간의 기억에 매달렸다. 그것은 일종의 유예의 감각이었다. 그녀는 천복을 그 자체로서 사랑했을 뿐 아니라 고통이 일시적으로 멈춘 것에 대해 놀라운 안도감을 느꼈다. 그렇다면 천복이 영원히 지속되기를 바라는 것이 자연스러웠을 것이다. 그러나 로렌은 천복이 고통을 소멸시키는 단편적 순간 이상은 바라지 않았다.

시간이 흐르면서 천복이 배어나오고, 일상생활 속에서 고통을 흡수한다. 이는 기적과도 같다. 천복과 고통은 분리될 뿐 아니라 서로의 일부가 된다. 천복↔고통. 분리↔엮임. 율동적인 왕복. 융합 상태↔반목. 막힘↔흐름.

기본적 리듬이 일단 확립되면 천복과 고통이 당연하게 여겨지고 그렇게 배경으로 스며들어 삶이 그저 더 낫게 느껴지는 순간이 늘어날 수 있다. 어떻게 이런 일이 일어나는가?

제임스 그로스타인James Grotstein은 일차적 동일시의 배경이 되는 주체-대상에 대해서, 정신 작용에 대한 배경적 지원에 대해서 이야기했다. 치료는 정신적 허파가 일종의 정신적 산소를 들이쉴 수 있는 분위기를 제공한다. 우리는 많은 은유 혹은 이미지를 이용해 볼 수 있다. 순환 : 정신적 공기와 혈액. 영양 : 정신적 양분, 독과 굶주림. 호흡기계, 심혈관계, 소화기계의 이미지들 : 흐름, 처리 과정, 대사 능력, 움직임, 상호의존적인 자율신경계.

그 누구도 나를 위해 먹어주고 숨쉬어줄 수 없지만, 공기나 음식이 없다면 나는 먹을 수도, 숨쉴 수도 없다.

그렇다면 우리가 신을 그리고 서로를 먹고 들이쉰다고 말해도 이상하지 않다.

육체가 없다면 나는 죽을 수도 존재할 수도 없다. 생각, 느낌, 상상이 없다면 나는 무엇이 될까? 이 '나'라는 것은 어디에서 오는 것일까? 소유권ownership 점유권own-ship은 타고나는 것일까?

나를 만나러 오는 사람들은 텅빈 '나', 혹은 고통받는 나로 가득하다. 혹은 공허한 구멍이나 느낄 수 없는 무력함이 있고 너무 많은 느낌에 압도당해 있기도 하다. 누구는 자신의 파괴성 혹은 불운–자신에게 해가 되는 일을 하고자 하는 강박–을 두려워한다. 또 어떤 이는 더 많은 것을 원한다. 이미 가지고 있는 것이 충분치 않거나 잘못된 것을 가지고 있다는 것이다. 혹은 잘 살고 있지 못하거나 더 잘 살 수 없어서 오기도 한다.

나는 종종 의문에 잠긴 채 앉아있다. 어떻게 우리가 여기까지 왔을까? 우리는 함께 무엇을 하고 있는가? 우리 사이에서 무슨 일이 일어나고 있는가? 물론 누구는 내가 그리 잘하고 있지 않다고 말할 수도 있다. 우리는 '무언가 더' 일어날 수 있는 기회를 서로에게 줄 수 있을까?

그 '무엇인가 더'는 항상 일어나지만, 시간이 걸린다.

고통을 느끼는 사람은 그 고통을 의식 중심에서, 혹은 의식 밖으로 완전히 몰아내려고 애쓰는 과정에서 움츠러들 것이다. 그럴 때 고통과 의식은 서로 뒤섞일 수 있고 결국 의식은 그 자신을 제거하려고 하면서 계속 움츠러든다.

우리에게는 스스로를 없애버리려고 시도하면서 동시에 더 많은 의식을 갈망하는 그런 의식이 있다.

우리를 가장 좌절시키는 것 중 하나는 의식이 그 자신을 절대로 없애버릴 수 없다는 발견이다. 섹스, 약물, 공격성, 권력에 대한 중독도 의식을 완전히 없애지는 못한다. 신비주의적 경험은 그에 가까이 가지만, 그럼에도 갈망-좌절-짜증-격노-공포는 지속된다. 의식은 무한히 작은 점으로 수축하거나 경계 없는 무한을 향해 팽창할 수 있다. 그리고 이 둘이 동시에 일어날 수도 있다. 그러나 여전히 수축하는 의식이고 팽창하는 의식이라서 그 자신의 형태를 벗어날 수는 없다.

정신증에 빠져든 주체는 정신증을 겪는 내내 자신이 여전히 거기 있다는 무시무시한 발견을 하게 될 수 있다. 치료적 기법 혹은 지혜 중 하나는 여전히 거기 있는 그 사람과 동맹을 맺는 것이다. 정신증적 발작보다 더 오래 견디고 이를 앞지르는 그 사람, 점점 자라나서 정신증을 품어내는 그 사람.

프로이트는 정신증적 소용돌이 중심에 있는 목격자 혹은 관찰자의 존재에 관심을 기울였다. 의식의 '정상' 부분이 의식에서 뭔가 끔찍한 일이 일어나고 있음을 인식한다. 처음에 정신증적 주체는 지금 일어나고 있는 일을 통제할 수 있다고 생각할지도 모른다. 그러나 결국 그럴 수 없다는 것을 깨닫는다. 광기는 멀쩡한 정신을 제거할 수 없고 멀쩡한 정신 역시 광기를 제거할 수 없다. 한 유형의 의식이 다른 유형의 의식을 완전히 지워없앨 수 없는 것이다. 주체는 '멀쩡함-광기'의 상호작용을 인식하며, 이에 대한 관념을 형성해 간다.

고대의 난제에 대해서 생각해 본다. 만약 우리가 계속 거리를 반으로 쪼개어 간다면, 그리하여 이론적으로 무한하게 거리를 반으로 나눌 수 있다면, 여기서 저기로는 어떻게 갈 수 있을까? 한 걸음은 그냥 한 걸음일 뿐이다.

의식은 자신을 무한하게 쪼갤 수 있지만 그럼에도 여전히 무한하게 스스로를 쪼개어가는 의식일 뿐이다. 의식은 광기에 빠져들 수 있지만 그럼에도 여전히 광기에 빠져드는 의식일 뿐이다. 의식은 자신을 죽일 수 있지만 그럼에도 여전히 자신을 죽이려 하는 의식일 뿐이다.

이는 불멸성에 대한 일종의 도착적인 심리적 논증인가?

도리안 케언Dorian Cairn은 시간에 대한 의식이 의식의 불멸성에 대한 일종의 현상학적 '논증'이라고 이야기하곤 했다. 만약 모든 의식적 순간이 현재-과거-미래에 대한 의식을 담고 있다면, 그리고 죽을 때까지 그러하다면, 우리 의식의 '최후' 순간 역시 현재-과거-미래에 대한 의식일 것이고 이는 그렇게 쭉 계속될 것이다.

이는 정신증적 주체가 자신의 해체되어 가는 의식을 볼 때와 닮았다. 의식의 모든 파편들은 마치 여러 조각으로 잘린 벌레와 같아서 일부는 죽어있고 일부는 살아있다. 이를 자르고 잘라 가다보면 증식하는 생명의, 혹은 반半 생명의 파편을 얻을 수 있을 것이다. 나는 현재 의식이 과거와 미래를 담고 있고 또 미래 의식의 모든 박동이 또 다른 현재를 품고 있는데, 여기에 다시 또 다른 과거와 미래가 담겨있어 무한하게 계속된다고 상상하던 케언의 웃음을 기억한다. 의식은 결코 멈추지 않는다. 해체되기보다는 점점 더 통합되는 것이다.

살인자는 이 흐름을 멈추려고 시도하는 것일까? 어떤 사람을 제거함으로써 그 사람의 의식까지 제거할 수 있다고 상상하는 것일까? 문학 속에서는 유령의 예가 풍성하다. 살해당한 자의 의식이 출몰하는 것이다. 또한 죽은 자의 의식을 제거하는 데 거의(완전히는 불가능하다) 성공했다 하더라도 세상 어딘가에 있을 누군가에게 존재하는 죽은 자에 대한 생생한 기억까지 지워버릴 수는 없다. 죽은 자가 그 어느 때보다도 더 생생하게 살아있을 거란 사실을 알게 되면 살인자는 격노할 것이다. 타인의 의식을 살해하는 바로 그 행동이 자신의 영혼을 영원히 훼손시킨다. 성격의 중핵에 일어난 변형이 침묵시키려 한 그 의식의 목소리에 대한 영원한 기념물이 된다.

한 남자가 의식의 고통을 멈추기 위해 건물에서 뛰어내렸다. 추락하는 와중에 의식을 잃었을까? 그는 그렇게 생각하지 않았다. 그러나 병원에서 깨어났을 때 어떤 휴지休止가, 어떤 단락이 있었음을 깨달았다. 어떤 틈, 새까만 공백이 있기 전까지 그는 자신의 의식을 의식했었다. 깨어나서 그는 깨달았다. "오, 신이여, 나는 여전히 여기 있구나. 실패다." 실망, 그리고 충격적인 안도와 함께 고통이 되돌아왔다. 그는 다시 잠시 의식을 잃었는데 아마도 수면제 때문이었을 것이다. 그는 여전히 거기 있었다. 의식 상실이라는 암전 상태의 양단을 다시 연결시키면서 의식은 흘러가는 물처럼 지속되었다. 시간은 멈출 수 있다. 최소한 잠시 동안은.

그러나 내가 자살을 시도한다면, 그리하여 빅뱅처럼 폭발하여 의식의 우주가 된다면? 의식을 끝내버리려고 했던 이 폭발이 의식의 증식을, 그것의 복수화로 이끈다면 어찌할 것인가? 언제 폭발이 우리를 삶으로 이끄는가? 또 언제 삶을 종식시키는가? 자살 시도가 오히려 더 많은 나를 만들어낼까? 유령이 되어 자신을 영원히 뒤쫓는다는 생각은 정말 무시무시하다. 우리는 시간과 무한을 더 잘 다룰 수 있기를 희망한다.

한 남자가 미켈란젤로의 피에타 상 – 죽은 예수 그리스도가 마리아의 무릎에 누워 있는 장면을 부드럽고 섬세하게 묘사한 작품 – 을 깨부수려고 한다. 나는 그 이유가 황홀한 항복에 대한 분노, 그리고 부드러운 열림이 주는 위협에 대한 격노 때문이 아닌가 생각한다. 이토록 잔인한 삶에 어떻게 평안이 있을 수 있단 말인가? 살인 그리고 구원? 죽음으로부터 새로운 삶으로? 우리, 희망을 걷어치우고 그것에 안녕을 고하자. 더 이상 희망에게 고문 당하지 말자. 가능한 한 모든 약속들을 지워버리자.

그래도 피에타는 계속 빛난다.

살아있다는 느낌은 자기가 중요하다는 생각처럼 일종의 방어가 될 수 있다. 타인과 경험의 다른 영역을 희생하고 그 대신 살아있다는 감각을 세차게 키워 올리는 사람들이 있다. 그들은 살아있음의 측면을 이용해서 다른 측면들을 밀어낼 것이고 일군의 생생한 느낌들을 이용하여 더 둔한 느낌들을 밀어낼 것이다.

이는 타인을 괴롭히는 사람들에게서 분명하게 관찰된다. 그들은 살아있다는 감각이 다른 무엇보다 우선해야 한다고 생각한다. 자신의 살아있음으로 타인들을 괴롭힌다. 또한 스스로를 괴롭히는 데서 살아있다는 느낌에 어떤 붕괴가 일어나고 절망이 솟아오르면 이 측면이 명확하게 드러날 것이다. 스스로 상황을 정상화하려는 노력이 실패할 때 그들은 솟구쳐오르는 공황에 빠져든다. 이 공황을 살아있다는 느낌의 일부로 인식하지 못할 때 이들은 자기 자신을 알아볼 수도 없다고 느낀다.

뻔한 이야기 같지만 고통, 기쁨, 증오, 사랑, 공황, 그리고 상상할 수 있는 나머지 것들의 다양한 혼합은 살아있다는 감각의 일부이다. 살아있음은 종종 파괴적이다. 종교는 고난과 축복이 모두 살아있음의 일부라고 가르친다. 정신치료를 통해 우리는 살아있다는 느낌의 일부가 타인의 희생을 통해서 얻어진다는 사실을 알게 되었다. 우리는 존재의 어떤 구역에 정체성을 구축한 뒤 이를 방어한다. 일종의 정신적 텃세를 부리는 것이다.

만약 우리가 열려 있다면 정체성의 영역들을 상호 교환하면서 스스로를 풍성하게 만들 방법을 찾을 수 있을 것이다. 그러나 종종 우리는 웅크려야 하고 살아남기 위해 웅크린 그곳을 방어해야 한다.

우리는 살아있다는 감각으로 무엇을 해야 할지 모른다. 이는 우리를 때로는 끔찍한 곳으로, 때로는 멋진 곳으로 이끈다. '우리는 배우는 중이다'라고 말하는 것은 아마 허풍에 가까울 것이다.

우리는 우리가 무얼 하고 있는지 알지 못한다. 그러나 때로는 알려고 노력한다.

치료는 살아있음과 죽어있음으로 실험을 할 수 있는 장소이다. 그러나 치료는 현실이다. 무엇인가 잘못되면 삶이 망가질 수도 있다. 우리는 치료가 자기교정적 과정이기를 바란다. 치료는 고통스러울 수 있지만 치료자와 환자가 심오한 왕복운동을 통해 도움을 얻는다면 놀랍도록 멋진 경험이 될 수 있다. 끊임없이 변하는 느낌과 태도들이 뒤섞여 흐르면서 서로를 계속 변화시켜 간다면.

언제든 치료자는 특정 환자에게, 특정 시간에, 특정한 방식으로 지나치게 살아있거나 죽어있을 수 있다. 물론 그 역도 마찬가지다. 치료자—환자는 서로 독립적인 개인이지만 또 서로를 감지하고 느끼는 다양한 살아있음—죽어있음의 영역 및 유형을 구성하는 더 넓은 정서적 장의 일부이기도 하다. 우리는 X음은 내리고 Y음은 올리는 법을 배워가고, 그렇게 더 미묘하고 섬세한 의사소통이 가능해진다. 꽉 붙잡고 있던 인격의 일부에 대한 집착을 느슨하게 풀어놓고, 반복하여 스스로를 미세하게 조율해나가는 일은 기분 좋은 일이다.

"내 것은 당신 것이에요" 학대 피해자가 학대하는 사람에게 말한다. 그 말은 그녀라는 존재를 관통하며 울린다. 그녀는 어릴 때부터 학대를 받아왔다. 어른이 되었지만 아무에게도 싫다는 이야기를 못한다. 그녀 아파트에는 사람들이 북적대고 그들은 그녀 물건을 마음대로 만진다.

최근에 그녀는 보트의 돛이 찢겨 있는 것을 발견했다. 친구가 사과를 했다. 그녀는 용서해 주었다. "내 것은 당신 것이에요" 그녀는 자신이 말하는 소리를 듣는다.

수년 동안의 학대. 질에 상처가 났고 유리, 음경, 막대기, 그 외에 너무도 병적인 인간의 환상에 등장하는 물건들이 그녀의 질 속으로 들어갔다. 친구는 그녀를 사랑했고 두려움에 떨게 했고, 증오했다. 그녀는 침묵에 빠져들었다. 사방에 공포가 있었다.

지독하게 고통스러운 동일시, 이 병적인 인간 환희와의.

자란다는 것은 더 자유로워진다는 것이다. 더 이상 질 속에 유리도, 손에 잡히는 대로 쑤셔넣는 물건도 없다. 그러나 음경도 없다. 어른이 된다는 것은 혼자 허우적거리는 것이다. 도처에 소파나 돛을 찢어버리고 아무거나 닥치는 대로 가져가는 친구들이 있다. 그녀는 쓰레기 같은 우정으로 충만하다. 그들의 병적 환희에 무의식적으로 동일시한 채.

정복, 권력, 잘 통제된 파괴. 이는 모두 살아있음의 일부다. 병적 살아있음. 진짜 살아있음.

그녀는 그 친구들을 쫓아버릴 것이다. 살아있다는 느낌을 더 낫게 만들 것이다. 살아있음이 제대로 작동하는 법을 찾아낼 것이다. 더 이상 병적으로, 몰래, 부주의하게 돛을 찢어서는 안 된다. "내 것은 당신 것이에요", 이것은 "네가 그것이다You are that !"[28] 의 도착적 변형이다.

학대의 희생자는 신뢰를 잃지 않은 채 신뢰를 잃는다. 환멸을 다룰 능력이 없는 상태에서 환멸을 느낀다. 학대자에 대한 증오는 효과적으로 작용하도록 허락되지 않는다. 그 증오는 상처를 주지도 못하고 상황을 바로잡지도 못한다. 그녀는 환멸을 느낀다. "선생님은 제가 생각하던 그런 사람이 아니에요." 그러나 그녀는 실망하게 허락되지도 않는다. 학대자는 그녀가 자신을 계속 이상화하기를 원한다. 이상화가 깨어진 뒤에도.

역주 28) 우파니샤드에 나오는 문장으로 산스크리트 어로는 "Tat Tvam Asi" 이며 "You are that" 혹은 "That you are" 정도로 번역된다. 그 원래적이고 순수하고 원초적인 상태의 자기는 온전하며 모든 현상의 근원이자 기반인 궁극적 실재와 부분적으로 동일하다는 의미를 담고 있다.

학대자는 비판을 견디지 못한다. 원래 자신의 모습으로 보이는 것을 받아들이지 못한다. 희생자가 자신을 더 멋지고 위대한 사람이라고 생각하기를 원한다. 그녀는 그의 학대 행위에 환희를 느껴야 한다. 그를 용서해야 한다.

학대에는 환희의 숨겨진 중핵이 있다. 환희로 들뜬 병약함.

열광-학대의 융합은 인격을 이어붙이는 일종의 풀이 되어 자기의 파편을 하나로 접착한다. 병적 환희 때문에 산산이 부서진 자기의 파편들을 말이다. 주체는 하나로 붙는 것뿐 아니라 산산이 부서지는 것에 중독된다. 병적 환희는 학대받는 사람 속에서 지독한 고통이 된다.

밀튼은 어머니가 자신을 성적으로 학대했다고 믿었다. 그러나 확신할 수는 없었다. 어머니의 행동을 선명하고 분명하게 기억하지는 못했다. 그러나 몸이 그것을 느꼈다. 그것이 자신을 스멀스멀 관통하는 것을 느꼈다. 살갗 안쪽에 달라붙어 있는 것을 마치 꿈처럼 느꼈다. 그는 공포와 격노 속에서 이를 느꼈다. 어머니가 술에 취할 때면 자신에게 다가오는 것을 느꼈다. 어머니는 밀튼 속으로 자신을 가라앉히면서 그와 뒤섞였다. 인사불성의 아름다운 여인이 술이 다 떨어지고 나면 아이에게 손을 뻗는다.

아버지의 학대는 보다 심리적이었다. 마침내 밀튼을 데려와 함께 살기 시작했을 때 아버지는 밀튼이 자신을 찬양해주길 원했다. 살 집을 주었다는 이유로 존경받기를 원했다. 자신이 위대하기 때문에 그리고 자신이 바친 희생 때문에 사랑받기를 원했다. 그는 밀튼이 어떻게 느낄지, 밀튼에게 어떤 문제가 있는지 전혀 알지 못했다. 밀튼이 너무 예민하다고 비난했고 자신처럼 거칠게 행동할 때면 칭찬했다. 아버지는 술에 엉망으로 취한 어머니가 잠 들기 전에 훼손시킨 장소를 보지 못했고 '강한' 아버지가 소거해버린 공포 혹은 연약함 역시 놓쳤다.

밀튼은 어머니와 아버지에게 격노했다. 그러나 그 격노가 가 닿을 곳이 없었다. 아버지는 부당하다고 느끼고 어깨를 으쓱하며 무시해 버렸다. "넌 아기 같구나" 가 대답이었다. 어머니는 무슨 일이 일어나고 있는지 거의 알지 못했다. 밀튼은 부모 모두에게 환멸을 느꼈다. 그러나 어머니는 상관하지 않았고 아버지는 비판을 못 참았다.

그의 삶 속에는 생생하게 느낄 수 있는 장소가 존재하지 않았다.

참으로 이상한 생각이다. 삶 속에 생생하게 느낄 수 있는 장소가 존재하지 않다니. 아버지는 생명 그 자체가 아니었나? 생명보다 더 크지 않았던가? 아버지는 모든 것이 아니었나? 그는 화려한 삶을 살았다. 살아있음이 그의 명패였다. 여자들, 감정들, 투쟁들,

싸움들, 진실들...거대한 경기장 속에서 보여주는 철저한 대담성. 아버지는 굵직한 인물이었다. 왜 그는 아버지처럼 사랑하고 아버지처럼 싸우고 아버지처럼 삶을 게걸스레 집어삼키고 아버지처럼 진실을 이야기하지 못했을까? 아버지가 부풀어 오르는 만큼 그는 위축되었다.

나를 만났을 무렵 그는 이미 성인이었고 이미 수년 간의 정신치료를 받은 후였다. 그는 가정을 꾸리고 있었고 아버지로서, 남편으로서, 한 남자로서 느끼는 결점들 때문에 많은 고통을 겪었다. 이는 마치 그가 삶을 즐기는 아버지의 능력을 고통을 느끼는 자신의 재능으로 대체해버린 것 같았다. 그 고통은 너무도 자주 그 어느 곳으로도 사라지지 않은 채 스스로를 먹고 자라면서, 그가 위축되면서 남겨진 공간을 채웠다.

밀튼은 때로 이렇게 결론을 내렸다. "내게는 쾌락 수용체가 없어요. 나는 인정을, 칭찬을, 즐거움을 처리할 수 없고 소화할 수도 없어요. 분노 때문에 나는 긁어모을 수 있는 모든 힘을 동원해서 비난을 퍼부어 보지만 그것도 아무런 효과가 없어요. 그리고 그 때문에 나는 해체되어 버려요."

그는 여자에게 쾌락을 줄 때 느끼는 공포와 격노에 대해서 이야기했다. 상황을 완전히 장악하고 있을 때에만 쾌락을 줄 수 있었다. 원하는 대로 할 때만 여자를 오르가즘에 이르게 할 수 있었다. 그렇지 않을 때면 오르가즘 직전에서 갑자기 멈춤으로써 여자를 애타게 했다. 그리고 감당만 한다면 이를 여러 번 반복하려 했다. 여자가 모든 통제를 포기해야 했다. 마지못해 원하는 대로 해준 적도 있지만, 그렇게 하고 나면 마치 자신이 스스로의 연적인 것처럼 격노했다. 그는 여자가 상처받기를 바랐고 그녀가 고통을 느끼면 약간의 안도감을 느꼈다.

"여자가 원하는 방식으로 쾌락을 줄 때면 무력한 분노를 느껴요. 무력감을 느끼든 말든 그냥 내버려 둘 수 있으면 좋겠어요. 광포함, 강렬한 분노 그리고 무력감 때문에 나는 망각으로 빠져들어요. 내 무력감을 상황을 바꿀 수 있을 정도로 강하게 표현할 방법이 없어요. 나는 아래로 가라앉아서 와해되어 버려요. 이런 좌절과 무력한 분노 때문에 미칠 거 같아요. 내 일부는 동물처럼 떨고 싶어해요. 부들부들 자꾸 몸을 떨어대고 싶어요. 그러나 다른 일부는 잠들기를 원해요. 뻣뻣한 마비 상태가 될 때까지."

"고통과 분노가 합세해서 정신을 잃게 해요. 그냥 감정의 통증이 아니에요. 신체적인 통증이에요. 너무나 아파요. 온몸의 장기가 다 아플 정도로. 나는 감금되어 있는 사람이에요. 어떤 접촉도 문명화된 내 외양 밑에서 분노와 고통을 일으켜요. 나는 순해 보이고 사람들은 내가 착하다고 칭찬해요. 좋은 아빠고 좋은 직장인이고 좋은 남편이에요. 갖고 있는 것보다 더 많은 것을, 모든 것을 나누어 줘요. 근데 등근육과 척추에 염증이 생겼어요. 휴식도, 위안도 없어요. 누가 야구 방망이로 등을 한 대 때려줬으면 좋겠어요. 그래서 척추가 똑바로 맞춰졌으면 좋겠어요. 그러면 좀 쉴 수 있을 텐데, 에너지가 아래에서 위로 흐를 수 있을 텐데 말이죠. 그렇게 된다면 잠시나마 뭔가 완전해졌다고 느낄 것이고 고통이 멈추겠지요. 고통은 결코 멈추지 않아요. 나이가 들어가면서 내 몸의 감각이 얼마나 망가졌나를 느끼는 건 참으로 끔찍해요. 얼마나 고통스러운지 한 번도 이야기한 적이 없어요. '움직여야 해' 나는 스스로에게 말해요. 그렇지 않으면 섬뜩한 의식 상태에서 죽음의 장소로 추락할 거예요. 수년 동안 고통과 싸워 왔어요. 몸 속이 온통 불타고 있어요 끊임없는 고통으로."

마비와 강렬함의 소름끼치는 융합. 아버지의 과도한 살아있음(방어로서의 살아있음)이 어머니의 망각과 일체가 되어 분노-고통-무기력-섬뜩한 의식-불을 환희와 융합시켰다. 환상 속에서의 일시적 유예 상태. 그의 자기에 많은 일이 일어났고 이는 점점 더 깊이 멀리 퍼져갔다. 그는 여자에게 가했던 고통을 축약된 형태로 자신의 몸으로 다시 겪었다. 오르가즘-고통-망각-섬뜩한 의식-분노. 아버지의 살아있음과 어머니의 죽어있음이 무력한 분노로 그를 중독시켰고 그렇게 광기로 몰아갔다. 영원히 은밀한 광기의 가장자리에 서 있는, 성공한 착한 사람. 섬뜩한 광기의 황홀이 그를 분노와 고통으로 가득한 망각으로 몰아댄다. 십자가에 못 박히는 순간은 다가오지 않는다.

밀튼은 다음 회기를 아버지처럼 세상의 중심이 되었으면 좋겠다는 말로 시작한다. 아버지는 주목 받는 일을 즐겼다. 사람들 속에서든, 여자들 속에서든, 직장에서든, 아니면 밀튼과 함께 있을 때든 말이다. 아버지는 밀튼의 중심이었지만 그 역은 아니었다. 밀튼은 한 번도 아버지 관심의 진짜 중심이 되어보지 못했다는 사실에 고통스러운 격노를 느꼈다. 아버지는 모든 것, 심지어 사랑("아들을 이토록 사랑하다니 이 아빠가 참 멋지지 않니?")까지도 자신과 연관시켰다. 이제는 아버지가 자신을 인정해줄 때조차 그는 그럴 자격이 없다고 느낀다. 그러는 것은 불법이다. 아버지만이 중심이 되어야 한다. 그는 자신이 얻는 만족과 자신이 베푸는 사랑 때문에 고통 받는다. 무엇을 하든 간에, 그리고 아무리 깊이 들어가든 간에 자신 안에 있는 무엇인가가 짓뭉개진 느낌이다. 그는 자신이 짓뭉개져 있다고 느꼈고 자격이 없다고 느꼈다. 아주 생생한 황홀을 느꼈으나 이는 항상 지나가버렸고 그는 모든 권한을 박탈당한 짓뭉개진 자기감에 여전히 매달려 있었다.

이제 그는 아내가 중심, 단 하나의 중심이 되었으면 좋겠다고 말한다. 그녀는 그럴 자격이 있다. 아내에게 중심을 내어주고 싶다. 아내는 좋은 사람이고 삶에게, 그에게, 함께하는 삶에 헌신한다. 더 좋은 대접을 받을 자격이 있다. "할 수만 있다면 옛 사람들이 그랬듯 아내를 찬미하고 싶어요. 여신의 시대 때처럼요. 나는 아내의 피어나는 삶을, 그 몸을, 삶을 살찌우고 돌보는 능력을 경외할 거예요. 아내는 찬미 받을 자격이 있어요. 내게서 기쁨을 얻고 원하는 것을 다 받을 자격이 있어요. 아내는 내게 모든 것을 내어주는 걸 꺼리지 않아요. 그걸 두려워하지 않아요. 자신을 내맡기는 것은 아내에게 만족을, 바로 황홀을 주죠. 이를 통해 아내는 흥분과 평화를 얻어요. 아내는 거북해 하지 않아요. 사랑하는 사람에게 비난을 퍼붓고 걷어차 버릴 생각을 하지 않죠. 그런데 난 자신을 내어주기 시작한다고 느낄 때면 혐오와 분노와 공포에 압도돼요. 그 느낌을 죽여 없애버리고 싶고 걷어차 버리고 싶고 살해해 버리고 싶어요. 짓밟아버리고 싶어요. 나를 그렇게 느끼게 만들거나 자신을 열게 만드는 것은 그게 무엇이든 누구든 다 짓밟아버리고 싶어요."

"제가 중심이 되고 싶다고 말하고 있네요. 중심이 되고 싶은 욕구는 산산조각 나버렸어요. 그렇지만 그만큼, 혹은 그 이상으로 진실인 것은 바로 중심이 될 필요가 없어질 수만 있다면 뭐든 내놓겠다는 거예요. 아내가 들어올 자리를 만들었으면 좋겠어요. 다른 사람들에게도 공간을 주고 나 자신에 대한 감각이 방 전체를 채우지 않았으면 해요. 그래서 다른 사람이 들어올 자리를 내주면 좋겠어요. 내가 나를 내어주기를 아내가 바란다는 걸 느껴요. 옳은 생각이에요." 밀튼은 중심이 될 능력이 없다는 사실과 중심이 아니라는 사실에 고착되어 있었다. 그는 온 존재를 바쳐 이 벽을, 이 고착 지점을 깨트릴 수 있기를 바랐다.

"어떻게 하면 아내를, 그 몸을, 그 존재를, 그 신비와 아름다움을 경외하지 않을 수 있겠어요? 나는 경멸함으로써 경외하지 않으려고 하죠. 정말 바보 같은 짓이죠. 이건 마치 나무를 경멸하는 것과 같아요. 나무를 어떻게 경외하지 않을 수 있나요?"

밀튼은 원초적 감정인 경외와 숭배에 대해서 말한다. 거기 경멸이 스며들어 망쳐놓는다. 그는 갑자기 오래된 주제로 되돌아간다. "아버지는 어떤 비판도 못 견디셨어요." 그는 비판을 견디지 못하는 아버지의 무능력을 경외와 숭배를 오염시키는 병적 경멸과 연결시킨다. 아버지는 오로지 자신만을 숭배했다. 그리고 타인을 경멸했다. 따라서 경외는 이중으로 오염되었다. (1) 경외감을 오염시키는 누군가의 자기숭배를 억지로 삼킴으로써, (2) 숭배의 감각을 오염시키는 경멸의 대기를 강제로 호흡함으로써.

동시에, 스스로를 우상화하고 있었기에 아버지는 밀튼이 그를 얼마나 중요하게 생각하고 있는지를 감지할 능력조차 없었다. 자신이 중요하다는 생각으로 가득해서 실제로 아이에게 자신이 얼마나 중요한지 느끼지 못했던 것이다. 그는 아이의 감정을 감지하지 못했다. 모든 것이, 심지어 아들의 진짜 숭배마저 자기숭배에 막혀버렸던 것이다. 아버지에 대한 사랑, 그리고 감사, 경외, 숭배는 밀튼의 목을 메이게 했고, 배를 아프게 했고, 가슴을 울렁이게 했다.

아버지는 너무도 자신으로 가득해서 아들의 깊은 사랑의 진실된 가치를 인식하지 못했고, 너무도 자기애로 가득해 타인의 사랑에 민감하게, 그리고 완전하게 접촉할 수도 없었다.

"아버지와 같이 있고 싶었어요. 아버지가 나를 데리러 오는 것이 내게 얼마나 중요한지 알려주고 싶었어요(밀튼이 어머니와 함께 살던 때의 얘기다). 그렇다고 수천 번 이야기하고 싶었어요. 아버지께 '아버지가 와서 절 데려가길 기다렸어요'라고 이야기하고 싶었어요. 나는 정말 기다렸어요. 그런데 아버지는 내 얼굴도 보지 않고 팔을 벌리지도 않았어요. 마치 선생님이 상담실에 들어오면서 나를 보지 않는 것처럼 말이죠. 내가 아버지를 겁나게 만들었던 것 같아요. 내 감정이 아버지를 두렵게 만들었고 그 때문에 아버지는 몸을 웅크렸던 것 같아요. 아버지는 감정을 너무 두려워하셨어요. 지금 선생님이 제게 얼마나 중요한지 말씀드리고 싶은데, 제 말을 믿지 않으실까 봐 끔찍하게 두려워요. 선생님이 내 말을 가볍게 듣고 내 감정을 이해하지 못하실까 봐. 선생님이 저를 이해할까 봐 두렵고 또 이해하지 못할까 봐 두려워요. 이제 아내는 제 감정에 대해 걱정하지 않아요. 그리고 나는 내 감정을 다 줘버리지 않아요. 나는 이를 둘로 나누어서 아내에게 그 중 절반을 주고 아버지에게는 영원한 사랑과 헌신이라는 나머지 절반을 줘요. 이는 내가 깊은 사랑을 완전히 줄 수 없다는, 온 마음을 바친 무엇도 줄 수 없다는 뜻이기도 하지요."

"아버지는 내 증오나 비판을 받아들이지 못했어요. 내 사랑 또한 못 받아들이셨지요."

잭은 일생 동안 반쯤 붕괴된 상태에 있었다. 그러나 그것이 겉으로 드러나는 데 수년이 걸렸다. 생물학자인 그는 연애 후 결혼을 했고 이제는 아이들이 있다. 그는 삶을 따라 흘러왔다. 육십 대가 되었을 때 가족에서 대물림 되는 질병이 그를 좀먹기 시작했다. 그는 심하게 우울해졌고 공황을 느꼈으며 필사적으로 도움을 찾았다.

그는 전체적으로 점잖고 부드러운 사람이었으나 온갖 악담과 모든 종류의 살인 환상 및 성적 환상, 그리고 독설을 토해냈다. 그는 자살 직전의 상태에서 살았다. 아버지가 돌아가신 후 그는 가족 내에서 정신이 멀쩡한 단 한 사람이 되었고 집안 대소사들을 처리하며 집안 전체를 챙겨 왔다. 그는 마침내 자신이 붕괴되고 있다는 사실을 도저히 믿을 수 없었다.

우리에게는 고통에 극도로 민감할 수 있는 막대한 능력과 고통을 둔하게 만들 수 있는 막대한 능력이 모두 있다. 잭은 그 극단적 실례이다. 수년에 걸쳐 나는 잭의 외상의 과거력 및 그가 거의 항상 중요하게 생각하지 않았거나 알아채지 못했던 조짐들을 그러모을 수 있었다. 그는 어머니가 헌신적이며 사랑스러운 분이셨다고 말했다. 동시에 오랫동안 자신을 망쳐놓았다고 했다. 내가 말투가 좀 '나른' 한 것 같다고, 늘어지는 느낌이라고 하면서 그 이유를 묻자, 그는 세상이 그에게 다가오기를 기다렸던 것과 연결시켰다. 그는 사랑스럽게 드러누워서 손가락 하나 까딱할 필요가 없었다. 그러나 동시에 전력을 다했다. 그는 훌륭한 과학자였고 좋은 아버지가 되려고 노력했다. 실패를 좋아하지 않았기 때문이었다. 경제적으로는 빠듯하게 살았기에 삶이 그를 보살펴줄 거라는 느낌은 하나의 환상에 가까웠고 이는 인격의 질감과 음조에 영향을 미쳤다.

나는 이미 붕괴해버린 넓은 지대 속에서 반쯤 주저앉은 작은 소용돌이가 고인 듯 천천히 휘돌고 있음을 느낄 수 있었다. 그 소용돌이는 쓰라린 자기연민과 분노로 이루어져 있었다. 잭에게 본 것에 대해 말하자, 그는 이렇게 대답한다. "나는 과학자예요. 과학자가 되면 좋은 게 있어요. 무릇 과학자란 많은 것에 관심을 쏟지요." 그는 자신의 쓰라린 괴로움과 자기연민, 분노, 붕괴, 그리고 자신을 지치게 만드는 거대한 공황과 우울을 과학적인 시선으로 들여다볼 수 있다고 말하는 것 같았다. 그에게 쓰라린 자기연민은 성격적 문제였고 우울과 불안 역시 성격 때문에 일어나는 일이었다.

그러나 그는 삶을 휘젓는 그 세력들이 어떻게 생겨난 건지 과학적으로 이해할 수 없었다. 삶은 이를 보고 느낄 수 있는 능력 너머에서 흘러간다. 삶을 보고 느끼지 못했기 때문에 제법 훌륭하게 인생을 헤쳐 나올 수 있었지만, 이는 어느 선까지였다. 붕괴는 과학에 도전하고 이를 압도한다. 스스로를 연구하고자 하는 마음, 그리고 삶이 그 연구 속에서 붕괴되고 있다.

나는 그의 말에 이렇게 답할 수 있다. "당신은 열두 살 때 아버지에게 심장발작이 일어났다고 이야기 하시네요. 어머니는 당신을 보살피다가 발병하셨죠. 당신이 열세 살 때 어머니는 광기에 빠져 병원에 입원해야 했어요. 당신은 다른 사람의 도움으로 부모님을 보살폈죠. 당신은 어머니를 보러 가서 집으로 모셔왔어요. 어머니의 광기가 오락가락하는 것을 보면서 어떻게든 집에서 어머니를 보살피려 했어요. 그러나 결국 어머니는 병원에서 평생을 보내야 했고 거기서 돌아가셨어요. 당신은 청소년 시절에, 청년 시절에, 그리고 어른이 되어 어머니를 보러 갔죠. 어머니가 돌아가실 때까지 면회를 갔어요."

그의 남동생, 그리고 남동생의 딸 역시 미쳐버렸다.

"이제 막 십대가 되려는 소년에게 아버지의 심장 발작과 어머니의 광기가 어떤 충격을 줄지 상상해볼 수 있어요?" 나는 묻는다.

나는 그가 자신 때문에 아버지의 심장 문제와 어머니의 광기가 생긴 거라고 생각했던 건 아닐까 궁금하다. 그 죄책감이 그를 광기에 빠트린 이유 중 하나가 아닐까 생각해본다. 가설 속의 인과관계를 제쳐놓더라도, 자신을 돌봐주던 사람들이 허물어지는 사태가 주는 순수한 충격만으로 그의 내면은 찢겨나갔을 것이다. 물론 그는 그 상황에서도 스스로를 추스렸다.

우울과 자살의 위협 전에 잭의 삶에는 많은 쾌락들이 있었다. 그는 오랫동안 버텼다. 섹스와 연구의 기쁨을 알았고 가족이 함께 하는 삶의 깊이를 알았다. 그러나 지독한 우울과 불안이 이러한 기쁨들을 말살해 버렸다. 그 정도가 워낙 심했기에, 그와 나는 정말로 그가 그 기쁨들에 대해서 알았던 적이 있기는 한 건지 의심하기 시작했다. 쾌락은 그렇다 치더라도 정말 기쁨을 알았던가?

"나는 내게 일어난 사태가 준 고통을 느끼지 못했어요" 잭이 말한다. "그 일을 겪었지만 느끼지는 못했어요. 해야 하는 일을 했고 그렇게 계속 살았어요. 아무 느낌이 없었어요. 내 느낌을 느끼지 못했어요." 이는 그렇게 많은 외상적 상처를 대면하면서 어떻게 느끼고 어떻게 느꼈으며 어떻게 느꼈을 것 같은지 내가 반복해서 묻자, 그가 한 이야기 중 하나다. 그냥 사태가 일어나 버리고 이를 처리할 필요가 없을 때 외상은 외상적이지 않다. 잭은 자신은 아무것도 느끼지 않았다고 스스로를 설득했다. 자신은 삶의 고난을 대면했고 이를 다 처리해 버렸다고 말이다. 그는 삶이 주는 것 혹은 삶에서 얻을 수 있는 것을 얻었다. 우리는 원하는 것을 줄이고 가능한 것에 노력을 쏟아 붓는다.

"아마 유전자 때문일 거예요. 질병 유전자, 병적인 유전자. 그리고 나는 가능한 오래 버텼어요. 유전자로 모든 것을 설명할 수 있다는 걸 믿을 수 없어요. 나는 선생님이 말하는 그 비극 같은 내 삶을 실제로 느끼지는 않아요. 분명 내게 영향을 미치겠죠. 하지만 난 정말 별다른 느낌이 없었고 지금도 없어요." 아버지의 병, 어머니의 병, 남동생의 병, 질녀의 병.

잭은 할 수 있는 한 오래 버텼다. 밀튼도 할 수 있는 한 오래 버텼다. 무엇을 위해 버티는가? 아버지가 오기를 기다리는가? 어머니가 낫기를 기다리는가? 삶이 끝나기를 기다리는가? 자기가 치유되기를 기다리는가? 치료를 시작하기를 기다리는가? 신이 강림하시기를 기다리는가? 버티면서 길에서 벗어나지 않기. 우리는 버티기의 일종으로 파업을 하는 사람들에 대해 이야기한다. 분명 어떤 강함이 필요하다. 그렇다면 이들은 나약함과는 어떤 관계에 있는가?

"날 돌봐주던 유모가 떠나던 일곱 살 때 난 처음이자 마지막으로 눈물을 흘렸어요. 내 뺨에 닿던 유모의 부드러운 피부를 아직도 느낄 수 있어요. 엄마 피부가 어떤 느낌이었는지는 기억이 안 나요." 이것이 잭이 기억하는 어린 시절의 가장 선명한 고통이다. 그는 이를 제외하고는 어린 시절이 굉장히 좋았다고 기억한다. 친구들과 같이 놀았고 어머니가 그를 끔찍이 사랑했고 근면하고 사랑으로 가득한 아버지가 있었다. 유모는 너무도 자상하게 그를 돌봐 주었고 가지고 놀 장난감이 넘쳐났다. 그는 시골에서 수영과 낚시를 하고 사방을 뛰어다니며 자랐다. 그러다가 도시로 이사하면서 따스했던 유모와, 생애 첫 7년이 사라져버렸다.

그는 도시에서도 잘 해나갔다. 이상하게도 거칠었던 도시의 거리가, 거리의 싸움과 위험들이 고통스러웠다고 기억하지 않았다. 잘 적응했고 해야 할 일을 했다. 그는 금욕적이었고 유능했다. 쾌락들을, 해야 할 일들을 발견했다. 헤어짐, 실질적인 찢김, 어린 시절과 유모를 떠나는 것 등은 고통이었다. 그는 새 삶에 잘 적응해갔고 기회들을 잡았다. 우리가 그에 대해 이야기를 나누기 전까지는 유모의 부드럽던 피부와 손길을 그리워하지도 않았다. 그 기억은 놀다가 뺨이 찢어졌을 때 어머니가 이를 스테이플러로 다시 붙이려 했던 순간에 대해서 이야기하다가 비로소 떠올랐다(어머니는 의사가 하듯 스테이플러를 썼지만 마취를 하지 않았다. 어쩌면 그녀는 현실적으로 마취가 필요 없다고 생각했을 것이나, 잭은 여기에서 어머니의 광기가 이미 시작되어 있었음을 암시했다. 광기가 폭풍처럼 휘몰아치기 전에 이미 잠재적 광기는 사랑과 뒤섞여 있었다.) 그에게 어머니의 손길은 상처를 이어붙이려 하면서 고통을 일으키는 존재로 되돌아온다. 그는 이를 뺨에 닿는 유모의 보드라운 피부와 대조했다.

"선생님이 제게 무얼 말하시려는지 알겠지만, 난 그걸 밀어내고 닦아내 지워버려요. 내 이야기 속에서 선생님의 말을 들어요. 나는 더 잘 들으려 노력해요. 어머니에 대해서는 상처, 찢김, 갈라짐,

고통에 대해서 이야기하면서 얼굴도 기억 못하는 유모에 대해서는 부드러움을 이야기하는 걸 들어요. 어머니의 얼굴은 기억하지만 손길은 기억 못해요. 유모의 손길은 기억하지만 얼굴은 기억 못해요. 나는 상처 속에 머무를 능력이 없어요. 그것을 멀리 치워버리고, 그래서 느낄 수 없어요."

잭은 기쁨을 느끼는 능력을 거의 상실했다. 그에게 들을 수 있는 유일한 빛나는 순간은 손자와 연관되어 있다. 손자는 웃고 만지며 잭의 가슴에 빛을 비춰준다. 잠시 동안 촛불이 빛을 낸다. 손자와 함께한 시간은 끔찍한 우울 중에도 남아있다. 그 외에는 삶에 아무런 기쁨이 없다고 말한다. 손자의 빛 덕에 그는 간신히 살아 있다.

그는 이렇게 천천히 사그러드는 관심의 불꽃들에 만족하며, 이를 탕진하며 수년 동안 살아온 것 같다.

그는 조만간 자살할 거라고 말한다. 다리나 건물 위에서 뛰어내릴 거라고. 나는 나 역시 같이 뛸 거라고 말한다. 우리는 떨어져서 물이나 땅에 함께 부딪힐 것이다. 그는 반복해서 말한다. "선생님은 용감해요. 참으로 용감해요. 내가 선생님이라면 몸을 사릴 텐데 말이죠."

"조만간에 당신은 이 상태에서 빠져나올 거에요" 나는 말한다. 나는 내가 용감하다고 느끼지 않는다. 나는 그를 느낀다.

나는 우리의 차이를 느낀다. 내게도 우울과 죽음 같은 느낌이 있다. 그렇지만 내게는 날개와 사랑과 기쁨도 있다. 그의 날개에는 무슨 일이 생긴 것일까?

그는 자신의 영혼이 생생하게 살아있던 적은 한 번도 없다고 말한다. 영혼의 삶을 붕괴가 대체했다. 붕괴, 그리고 더 많은 붕괴. 그는 이미 추락하고 있다. 굳이 건물이나 다리에서 뛰어내릴 필요조차 없다.

그는 티비에서 보았던 한 마술사의 인터뷰에 대해서 말한다. 매년 겨울이 되면 부모님이 그를 데리고 남쪽으로 내려갔기에 마술사는 눈을 본 적이 없었단다. 그는 눈을 보기를 절실하게 원했다. 어느 해 겨울, 그는 북쪽에 있자고 부모님을 설득했고 가슴 속에 품어왔던 소원을 이루었다. 눈송이들.

잭은 이 이야기를 음미한다. 어쨌든 삶이 이겼다. 한 소년이 목소리 높여 이야기했고 사람들은 그 목소리를 들었다. 잭은 눈송이에 대해서, 경이와 빛나는 아름다움에 대해서 더 이야기한다. 그는 마음 속에 아름다움을 그려본다. 몸으로 느낄 수는 없지만 말이다. 그는 소년의 끈질김과 삶에 대한 느낌과 경외와 반짝이는 희망에 감탄한다. 그 소년이 옳다는 것을 잭은 알고 있다. 눈송이는 진짜다.

벌써 잭의 눈에 피가 배어들기 시작한다. 그러나 그는 눈송이가 떨어지는 것을 본다. 아직 떨어지고 있다.

"눈송이" 내가 말한다. "눈송이는 항상 존재해요"

잭 : "항상 존재한다고요?"

나 : "그 외에는 아무 것도 없어요."

잭 : "옳은 말씀이세요."

명성은 분명 일부 사람들의 마음을 부풀리고 자신이 더 온전하다고 느끼게 만든다. 그러나 내가 소위 "짐 헨슨[29)] 콤플렉스"라고 부르는 것도 있다. 이는 부분적으로는 내 상상에 불과하나 완전히 허황된 것은 아닐 것이다. 나는 짐 헨슨이 개구리 커밋Kermit the Frog 캐릭터를 디즈니사에 팔던 시절, 병이 걸려 죽어가던 때에 대해서 생각해 본다.

커밋이 짐 헨슨의 정신에 중요한 영향을 미쳤던 것은 아닐까? 커밋은 헨슨이 최초로 성공시킨 머펫muffet[30)] 으로서, 그에게 일종의 돌파구가 되었다. 커밋(세사미 스트리트의 어니Ernie와 함께)은 중요한 자기상이 되었고 중요한 정체감을 담은 중추적인 허구적 목소리가 되었다. 그러나 나중에 자신의 이 오래된 친구이자 분신[31)]에 대한 권리를 팔아버릴 생각까지 할 정도로 핸슨의 세계가 팽창했다는

역주 29) 짐 헨슨Jim Henson(1936-1990) : 헐리우드 최고의 인형사, 특수효과 담당자. 특히 <세사미 스트리트>라는 미국 아동 프로의 캐릭터로 유명하다. 그 외에도 닌자 거북이 등의 캐릭터를 만들었다. 1990년 암으로 사망했다.

역주 30) 실로 움직이는 마리오네트marionette와 손으로 움직이는 퍼펫puppet을 합친 말.

사실에서 유추하건대, 그의 정신 속에서 커밋의 의미는 이전보다 많이 줄어들었던 것 같다.

이러한 자기에 대한 느낌 변화의 형태는 비온이 묘사한 '외과적 쇼크'와 유사하다. 외과적 쇼크 상황에서 주체는 자신의 혈관 속에서 피흘리며 죽어가는데, 이는 자기에 대한 느낌이 너무도 팽창해 버렸기 때문이다. 이 때 감정적 '공간'은 너무도 광활하게 넓어지기에 무언가를 느끼는 것이 불가능하다. 나는 이것이 극적으로 일어나는 것을 1960년대에 참여했던 대면 감수성 훈련 집단 encounter-sensitivity training group에서 본 적이 있다. 한 여인이 아무도 자기 목소리를 들을 수 없다고 주장했는데, 자신도 제 목소리를 듣지 못하기 때문이라는 것이다. 그룹 지도자는 할 수 있는 한 크게 말을 하거나 소리를 질러보라고 했고 그녀는 그 말을 따랐다. 그러나 아무도 자신을 보지 못한다고 믿는 사람들과 비슷하게 여전히 다른 사람이 제 목소리를 들을 수 있다는 것을 느끼지 못했다. 모두들 목소리가 참으로 크다고 생각했으나 그녀는 마치 방음실에서 소리를 지르고 있는 것 같았다. 다른 사람이 자신의 목소리를 들을 수 있다는 것을 느낄 수 없었다. 자신이 들려지는 것을 듣지 못했던 것이다. 그녀의 정서적 목소리는 진정 자신의 영향력을 느낄 수 없었다.

역주 31) 커밋을 가리킨다.

짐 헨슨의 세계는 광활하게, 어쩌면 지나치게 넓어졌으며 때문에 어떤 의미에서 자신을 느끼지 못하게 되었다. 물론 그는 더 팽창한 자신을, 더 풍성한 자신을 즐겼다. 물론 전처럼 평범한 자신으로 머물러 있었으면 더 좋았을지도 모른다. 그러나 뭔가 한 줌이, 그를 붙잡아 주던 작은 공간이 사라졌다. 허기와 미숙함과 갈망 속에서 출발한 우리는 곧 바랐던 것보다 작은 공간에 부딪힌다. 물론 이 작은 공간이 – 그것이 작기 때문에 – 우리를 달래어 주지만 말이다.

어딘가에서 테네시 윌리엄스 이야기를 들은 적이 있다. 옛날에 벌에게 쏘이고 짐승에 물렸던 느낌이 기억나지 않는다는 이유로 다시 무일푼으로 멕시코로 여행을 가려 했다는 것이다. 그 느낌을 다시 한 번 불러일으키기 위해서였다(그는 성공하지 못했다). 짐 헨슨 역시 자신의 공간이 너무나 팽창해 버려서 과거의 어떤 방식으로도 자신을 느끼지 못하는 위험에 빠졌던 건 아닌가 상상해본다. 그의 정신적 액즙psychesoma이 물리적 공간(허파)을 채웠다. 그리고 이는 더 이상의 팽창은 막아야 했던 감정적 공간에 대한 잘못된 대체물이었다(그는 스스로의 폐에 빠져 죽었다[32]). 숨 쉴 공간이 너무 넓었던 것이 아니라 너무 좁았다(지금 내가 신체적 질병에 대한 정신적 환영幻影을 만들어내고 있다는 것을 알고 있다).

명성의 황홀이 있다. 우리는 유명해지기만 한다면 더 온전해지

역주 32) 그는 폐에 물이 차서 죽었다. 이에 대한 은유적 표현이다.

거나 강해지거나 인정받거나 아니면 받아들여질 거라고 상상한다. 어떤 면에서 옳은 이야기다. 그러나 높이 올라갈수록 공기가 더 희박해질 위험이 있다. 공간이 넓어지면서 정서적 강도 역시 희박해지고 더 희미해질 것이다. 그리하여 마침내 핵심적 자기감이 사라지기 시작할 것이다. 아니면 우리는 팽창한 공간을 채우기 위해 엄청나게 속도를 내야 하는데 이는 감당할 수도, 견딜 수도 없다.

살아있음은 우리를 죽인다. 그 살아있음을 통제하는 것 역시.

내 환영은 계속된다. 물론 이는 실제 사건들을 통해 얻은 확신에 기반하고 있다.

유명해지거나 삶에서 어떤 정점에 도달한 사람들 대부분은 아마 잘 살아갈 것이다. 그러나 어떤 사람들은 명성을 얻거나 개인적 장벽을 돌파한 이후에 죽거나 병에 걸린다. 이는 그냥 무시해버리기에는 너무도 자주 일어나는 일이다.

누군가의 첫 책이 출판된다. 다른 누구는 마침내 결혼해서 수년 간의 외로움에서 벗어난다. 또 누구는 우울을 통해 황홀에 도달한다. 그리고 이들 모두가 우연하게 물에 빠져 죽는다. 개인적 한계를 돌파하는 데 집중하던 사람이 산에서 추락해 죽는다. 누구는 작품이 비로소 팔리기 시작했는데 절벽에서 떨어진다. 한 젊은 피아니스트는 작곡한 노래가 뜨고 난 후 암으로 죽는다. 그와 아주 닮은, 꼼꼼하고 세심했던 다른 피아니스트는 처음으로 깊은 관계를 맺기 시작했는데 뇌종양을 발견한다. 교통사고, 뇌졸중, 심장발작, 건물에서 뛰어내리기... 나는 절정에 이른 경험 이후에 일어났던 이런저런 일들에 대해서 들어왔다. 또한 이와 비슷한 예로 한 베스트셀러 작가가 키우던 개가 죽자, 몇 년 지나지 않아 작가가 자살했다는 이야기를 읽은 적도 있다. 유명해지기 전이었다면 개가 죽었다고 자살하였을까?

일상생활 속에서 사람들은 죽음과 질병을 외상적 사건과 연관시킨다. 아이의 죽음에서 벗어나지 못하는 어머니, 아내가 죽은 후 병에 걸린 남편. 사랑이나 돈의 상실에 뒤이은 우울과 질병 등. 우리는 보통 외상적 상처를 기쁨이나 황홀, 혹은 강렬한 긍정적 감정과 결부시키지 않는다.

나는 한 소녀와 키스하고 있었고 조금씩 더 기쁨에 압도당하는 것을 느꼈다. 내가 정신을 잃거나 죽을 거라고 생각했다. 죽을 것 같았다. 물론 죽어가고 있지 않다는 것을 알고 있었다. 너무도 좋았고 강렬했고 충만했다. 영원히 끝나지 않는, 점점 더 늘어나는 압도적인 느낌의 샘.

엘리자베스 여왕 시대의 시인들은 이러한 느낌, 즉 사랑-오르가즘-죽음의 느낌을 잘 알고 있었다. 그들은 끊임없이 노래했다. 쾌락과 기쁨을 미루다 보면 더 큰 황홀-슬픔에 이른다고. 풍요와 비탄의 혼합, 경험만큼 오래된 연상들. 우리는 이를 그려내고 춤추고 이에 대해서 생각하고 이야기한다. 그렇지만 누구는 이 때문에 정말로 죽는다.

옛날 이야기들은 죽음 및 석石化화를 긍정적 극단과 부정적 극단 모두와 연관시킨다. 신 혹은 메두사를 보고 죽거나 돌로 변하는 것이다. 아론의 아들들[33]은 잘못된 방식으로 신에게 가까이 다가가려다 불타 죽었다. 폐허를 뒤돌아보면 소금 기둥으로 변한다. 아름다움을 돌아보면 사랑하는 사람을 잃는다. 너무 가까이 다가가면 너무 빠른 고통이!

그러나 우리는 신도, 메두사도 모두 보아야 한다. 반드시 뒤돌아 보아야 하고 급히 다가가야 한다. 경험의 극단은 필요하다. 우리는 할 수 있는 한 모든 것을 경험하고 지닌 것을 최대로 사용하기를 원한다. 극단은 가장 훌륭한 맛이 난다.

옛 이야기들은 어떤 용량, 윤리, 미학의 문제를 제기하는가? 모세의 율법은 다가감과 물러섬에 대한 윤리를, 어떤 여과장치를 제공한다. 그리스 신전들은 그 건축 미학을 통해 이러한 여과장치의 또 다른 예를 보여준다. 잭슨 폴록Jackson Pollock과 잭 케루악Jack Kerouac은 우리 시대의 미친 여과장치로서, 아무런 보호장치 없이

역주 33) 아론은 모세의 형이자 이스라엘 최초의 제사장이다. 아론의 아들인 나답과 아비후는 제각기 자기의 향로를 가져다가 거기에 불을 담고 향을 피웠으나, 금지된 불이었기 때문에 불에 삼켜져 죽음을 당했다. 레위기 10:1-3.

문으로 쇄도하는 아론의 아들들을 닮았다.

많은 고대인들은 중용을 설파했다. 프로이트는 모든 정신적 행동은 여러 힘들 간의 타협이라고 썼다. D.W. 위니코트의 모든 행동에는 여러 겹의 긴장이 담겨 있었다. 위니코트는 상대적으로 긴장이 없는 순간을 다루는 통찰력 있는 글을 썼고 극단을 갈망했으며 최대한으로 생생하게 살아있는 일을 소중하게 여겼다. 우리는 최대한의 생생함에서뿐 아니라 그 사이 순간들 모두에서 양분을 얻어 자란다.

극단이 없다면 중용은 어떤 모습이 될 수 있을까? 중용은 양극단을 먹고 자란다.

극단과 중용은 서로 다투지 않는다. 서로가 없이는 존재하지 못한다.

극단과 중용은 서로 다툰다. 그것이 그들이 함께 존재하는 방식의 하나다.

영혼은 신 속으로 모든 것을 쏟아붓는다. 모든 염원을, 완벽을, 괴리의 종결을 향한 소망을. 내 신비주의적 관조 안에서 신은 최대를 초월한다. 놀라운 일체. "이스라엘아, 들으라. 우리 하나님이신 주님은 오직 한 분이신 주님이시다."[34]

여기서 듣기Here-hear. 현존, 편재. "나는 살아있는 신이다. 나는 내가 있는 곳에 있으며, 미래에도 있을 것이다. 나는 그곳에 있을 것이다."

그곳으로 가기, 공간의 끝까지, 지구의 중심까지, 모든 질료를 산산조각 내고 이를 더 잘게 날려버리는 걸 상상하면서. 암석 밑에서, 천국 속에서. 신은 말한다. "가고 싶은 곳으로 가라. 나는 그곳에 있을 것이다."

듣기-여기 존재하기의 문제. "네가 있는 곳에 내가 있을 것이다"

신은 가장 거대한 우상인가?

우리는 상상할 수 없고 이미지로 그려낼 수도 없는 완벽을 창조한다. 그 자신의 존재 안에 모든 것을 통합시키는 일자一者. 존재하는 것과 아는 것은 하나다. 신비주의 전통은 우리에게 이야기한다 그는 모든 것 속에 있고 모든 것을 알고 있으며 모든 것 그 자체라고. 신은 모든 구멍 속에 스며든다. 편재-전지全知-전능. 전부, 하나, 일체, 전체. 절대적으로! 전체적으로!

그리고 우리는 이 상상할 수 없고 사고할 수도 없는 일자를 맛본다.

그리고 이제 진화하는 신을 상상한다. 열려있고 역동적이며 끝

역주 34) 마가복음 12:29

없이 변화하는 모든 새로운 순간의 신. 새로운 삶의 신, 새로운 정신, 유일무이한 순간들의 신.

만약 완벽이 변화없음을 의미하고, 따라서 변화가 신을 그만큼 불완전하게 만든다면 어떻게 변화가 신의 일부일 수 있을까?

우리의 감수성은 변화를 사랑한다 그러므로 우리의 신은 변화의 신이다. 순간은 우리의 집이다.

온 마음을 바쳐 사랑하는 것보다 더 위대하고 열정적인 소명은 없다. "네 마음을 다하고 네 뜻을 다하고 네 힘을 다하여 주님을 사랑하여라"

이러한 부름은 "이스라엘아, 들으라"의 일부이다.

이는 하나의 초대, 탄원, 요청, 요구, 명령이다(최초의 계율). 신은 우리가 전부를, 전 존재를 바쳐 사랑하기를 요구한다. 그는 그렇게 할 수 있는지 여부를 묻지 않는다. 그는 말한다. 지닌 모든 것, 마음과 뜻과 힘과 목숨을 바쳐 사랑하라고. 전부를.

현인들은 이에 대해서 많은 해석을 한다. 그들은 우리 심장의 심실들이 신과 우리 사이의 상하 위계를 상징하고 있다고 말한다. 심장의 어떤 부분도 이 첫 번째 계율, 최초의 원칙에서 벗어나 있지 않다. 동양의 현자들은 오른쪽 심장과 왼쪽 심장에 대해서 쓴다. 모든 것이 사랑을 향한 분투에 동원된다. 우리의 사악한 의도조차 그 혼합물의, 전체의 일부다.

네 마음을 다하고 네 뜻을 다하고 네 힘을 다하여 사랑하려 노력하라.

이러한 소명은 우리의 분투에 불을 붙인다. 그리고 이는 위대한 분투를 맛봄으로써 자라난다. 힘을 모으고 다른 분투들을 자신의 궤도 혹은 흐름에 끌어들이는 분투. 그러나 서로 다를 수 있는 여지를 남겨놓는 분투. 투쟁과 항복을 살찌우는 분투.

삶이 어떤 것이 될 수 있는지 느끼게 만들어주는 어떤 전체.

성경의 모든 페이지에 고통이 있다. 황홀의 고조점, 경험의 극점은 고통을 통해 흐른다. 황홀과 고통은 서로 의지하고 서로를 통해 쏟아져 나오고 서로를 가능케 한다.

셰익스피어 작품 속에서는 성경의 신열身熱과 격노가 되울린다. 자기와 자기의 상태가 신과 이스라엘을 대체한다.

성경의 모든 페이지들은 독자를 공포로 후려쳐 입을 열 수 없게 만든다.

만약 성경 이야기를 진지하게 받아들인다면 우리는 형제, 자매 혹은 스스로에게 손가락 하나도 들어 올리지 못할 것이다. 손가락 하나 들어 올리지 못하는 시간. 경외와 공포에 사로잡혀 벙어리가 된 채. 선불교에서는 손가락 혹은 손을 한 번 들어 올리는 것이 왜 상대에게 깨달음의 충격을 줄 수 있는지 쉽게 가르쳐준다.[35)]

공포가 가라앉는다. 우리는 회복하여 다시 자신이 된다. 상처받고 타락하고 권력을 얻고 언쟁하는 과정은 계속된다. 타인을 도우려 하는 것조차 해가 될 수 있다. 우리는 모든 힘을 다해 자신을 삶 속으로 던진다. 그 배경에서 두려움이 스멀거린다. 생명 충동이 주도권을 잡는다. 파괴적 에너지의 거품이 부글거리는 생명 충동.

그럼에도 창조의 신이 존재한다. 생명이 선하다고 느끼는 신. 신을 대면하는 모세가 우리 안에, 우리 존재의 중심에 있다. 모세와 아브라함은 신이 세상을 파괴하지 않기를 간청하는 데 많은 시간을 보냈다. 그리고 심지어 모세조차 지나가는 신의 뒷모습을 보기 위해 머리를 감춰야 했다.

신은 블록으로 쌓은 집을 무너뜨리는 어린아이와 같은가? 신에게 블록이란 살아있는 생명들, 국가들, 사람들, 너와 나인데 말이다.

공포는 사라지지 않는다. 이는 배경에서 멈추지 않고 움직이는

역주 35) 당나라 때 승려인 구지 스님은 천룡 선사가 손가락 하나를 세운 것을 보고 깨달음을 얻었으며, 이후 문답을 주고받을 때마다 손가락 하나를 세워 대답했다.

것들의 일부이다. 공포는 삶의 쾌락 속으로 스러진다. 공포는 창조력의 감각 속에 있는 지느러미 뼈이다.

우리는 황홀로 서로를 파괴한다.

우리는 황홀로 서로를 고양시킨다.

모세는 이스라엘 사람들이 율법에 순종토록 하기 위해 논쟁하고 부추기고 겁주었다. "너희는 신의 목소리를 듣는다. 신의 불꽃을 본다. 너희는 거기 있다. 너희는 신의 존재를 보고 느끼고 듣는다. 너희는 너무도 두려워 이를 견디지 못하기에, 나를 중재자로 삼았다."

항상 어떤 여과장치가, 대리인이, 대체자가 존재한다. 우리는 항상 신과 얼굴을 맞대고 있지만 결코 완전히 신과 대면하지는 못한다.

전사戰士들, 학살. 법을 지키지 않는다면 어찌 되는가. 모든 것이 부메랑처럼 되돌아온다. 우리 자신의 그림자를 두려워하게 될 것이다.

우리는 그림자를 두려워한다.

셰익스피어는 망상, 이별, 고통, 악의惡意, 인류의 매정함을 그려냈다. 발열과 감염은 그가 가장 선호했던 이미지 중 하나이다. "삶은 변덕스런 열병이다"[36], "무섭게 전염시키는 그대의 열병"[37]

"죽는 것이 낫겠소... 거짓말을 해야 하는 마음의 고문을 받으며 이 멈출 줄 모르는 황홀 속에서 사는 것보다는."[38]

그러나 우리는 바로 이 고통스러운 황홀 속에 산다.

오늘은 상황이 좀 더 나아질 바로 그 날이다(다른 모든 날이 그렇듯). 잠에서 깨어난 나는 천천히 기분이 좋아지기 시작한다. 전날의 역경을, 그리고 더 나아지고자 하는 결심에 대해 생각한다. 우리는 매일매일 조금씩 더 배워가지 못하는 것인가?

시간이 흐르면서 지치기 시작한다. 마침내 가족 외출이 나를 꺾어놓는다. 아무도 언제 어디로 놀러갈지에 대해 합의하지 못한다. 모든 방식으로 분열되어 있다. 둘째 아들놈은 자전거를 최고속으로 몰며 우리를 떠나버린다. 자신이 원한 대로 되지 않았기에 다

역주 36) <맥베스> 중에서 맥베스의 대사.
역주 37) <아테네의 타이먼> 중에서 타이먼의 대사.
역주 38) <맥베스> 중에서 맥베스의 대사

른 사람들이 원한 대로도 되지 않도록. 자신이 우리를 고통스럽게 하고 있다는 사실을 어느 정도 인식한 것이 아닐까 싶다. 분명 그는 캄캄한 통증을 느끼기 시작했을 것이고 고통이 늘어나자 속도를 내어 이를 떨쳐내려 하였을 것이다. 그 고통 중 일부가 내 안에 내려앉는다.

아내와 큰아들은 나를 앞서 간다. 내 자전거는 점점 더 느려진다. 나는 고통이 늘어나는 것을 느끼면서 이 고통에 굴복한다면 어떻게 될까 상상해본다. 완전히 포기한다면, 자전거를 멈추고 거기 내려서 길섶에서 몸을 구부리고 있거나 아니면 수풀 속으로 뛰어 들어가서 거기 조용히 눕거나 아니면 몸부림칠 것이다. 통증의 공 하나. 내 안에서 위아래로 오르내리고 가슴과 배를 왔다갔다 하며 몸을 베어낸다. 그 한가운데 매듭으로 얽힌 매듭들.

오후의 고통이 아침의 전복을 대체한다.

나는 계속 자전거를 타면서 이에 대해서 탐색한다.

큰아들과 거리를 어슬렁거리며 가판에서 먹을 만한 것을 찾아본다. 아들은 가스파초[39]를 사방에 흘린다. 이는 자신의 혼란을 드러내는, 혹은 내 혼란에 반응하는 상당히 온건한 방식이다. 그는 기분이 나쁘지 않다. 기분이 가라앉은 것은 나다. 이 나쁜 기분을 여자 친구 탓했던 수많았던 순간이 떠오른다. 너무도 자주 나는 누군

역주 39) 스페인의 안달루시아 전통음식. 찬 토마토 스프. 토마토 퓨레와 피망, 양파, 오이 등의 야채 등을 갈아서 만든 스프

가를, 아이들 중 하나를, 아내를, 혹은 그 때 움직이던 무엇을 비난해왔다. 이 영혼을 응고시키는 시커먼 기분. 아, 그것은 나다. 내 소유, 내 것, 내 담즙, 내 역겨운 배설물. 이는 누군가의 '잘못'이 아니다. 이 급락, 이 전염병이 말이다.

나는 한편으로는 이를 계속 지켜보며 이와 투쟁한다. 이를 작게 만들거나 짜부라트리거나 아니면 부분적으로라도 껍질에 감싸버리려고 노력한다. 나중에 먹어치우기 위해 벌레를 거미줄로 칭칭 감아놓는 거미처럼. 이것은 가시가 돋아있는 검붉은 공으로, 지독한 맛이 나지만 반드시 이를 처리해야 한다. 그동안 어떤 일이든 하되, 이 공이 내 하루를, 특히 내 주변의 일광日光을 망치도록 내버려 두어서는 안 된다.

나는 동시에 여러 사람이 된다. 한 번에 하나 이상의 활동이 내 안에서 진행되고 있다는 것을 인식한다. 나는 그 검붉은 고통의 공 주변으로 수축하여 나중을 위하여 이를 품고는 그것에서 일어나는 변형을 인식하는데, 그러면서 어느 정도 나를 고립시켜 내 내부의 의무실醫務室에 자리잡고는 내 유독한 영향으로부터 타인을 보호한다. 동시에 펼쳐져가는 하루를 위해서 내 안에 열린 영역을 남겨두려 노력한다. 내가 그렇게 시커먼 상태가 아니었다면 어땠을까? 내가 그렇게 쉽사리 파열되지 않았다면?

나는 내 독이 주변 사람들에게 어떤 식으로든 영향을 줄까 봐 두렵다. 우리는 사실 침투성을 지닌 존재이며 그렇게 서로에게 스며든다. 우리는 순간순간, 그리고 오랜 세월에 걸쳐 서로에게 양분과 독을 준다. 그러나 아마도 유해한 충격은 이야기를 통해서 어느 정도 누그러질 수 있을 것이다. 모든 가족구성원들은 상황을 망치지 않으면서 서로 어떻게 살고 있는지 이해하고 무슨 일이 일어났는지에 대해서 이야기를 나눈다. 최소한 우리는 모든 것을 다 이야기하지는 못하더라도, 조금씩이라도 대화를 나눈다.

오늘은 그리 나쁘지 않다. 아이들은 호수에서 카약을 타고 수영을 하고 코미디를 본다. 아내와 나는 책을 읽고 수영을 한다. 나는 검은 공을, 그리고 그 주변에 약간의 공간을 느낀다. 이것은 내 것이다.

나는 호수에 안경을 두고 소풍을 간다. 갑자기 잘 보이지 않는다는 것을 깨닫는다. 안경을 쓰고 있지 않다는 것을 깨닫기 전에 무엇을 하고 있었나? 이렇게 이런저런 방식으로 무엇인가가 새어나간다. 아이들과 나는 카드놀이를 한다. 일찍 잠자리에 든다. 영혼의 잔여물들이 응고되는 것을 느낀다. 나는 무엇을 배우고 있나? 그것이 내 일부라는 것을 배운다. 이는 타인의 일부일 수도 있고 아닐 수도 있다. 그러나 분명 내게 속한다.

둘째 아들은 잠들지 못한다. 밤에 일어나 친구를 만나러 간다.

인간은 그 누구도 섬이 아니다. 자기는 모든 방향으로 영향을 미친다.

우리는 계속 배워간다. 그렇지 않은가?

밤에 더 편안한 사람들이 있다. 나는 아침이 낫다. 아침햇살과 함께 활짝 피었다가 어두워지면 오무라드는 꽃처럼.

아침에 둘째 아들과 나는 거리를 느낀다. 우리는 조금 경계한다. 그렇지만 어제보다는 일이 더 잘 풀려간다. 우리는 행복하고 명랑하다.

오늘 우리는 같이 자전거를 타러 가기로 했다.

적어도 잠시 동안. 행복은 위험 신호가 아니다.

시간이 있으면 이 고통의 공을 응시하며 그것이 천천히 도는 것을 지켜본다. 그것을 끌어당겨 과일 자르듯 잘라본다. 붉고 검고 푸른 실들. 독이 든 과일. 꽉꽉 들어찬 상처들. 내가 생각하고 기억할 수 있기 이전의 외상. 어린 시절의 그 모든 증오와 삶의 두려움. 고통은 결코 사라지지 않는다. 고통은 순식간에 촉발될 수 있다. 눈빛 한 번만으로, 단어 하나만으로.

마음에 상처를 주었던 한 소녀에 대해서 생각한다. 바로 그날 나는 기침을 시작했다. 순식간에 기관지염이 생겼다. 나는 나쁜 말이나 눈빛 한 번 만으로도 순식간에 아파버릴 수 있다. 이제는 전처럼 심하지는 않다. 오랫동안 나는 한 순간의 거절만으로도 그 상황을 채 이해하기도 전에 병에 걸렸다.

조금씩 고통이 더 잘 보이게 되었다. 고통의 공. 전처럼 자주 아프지 않게 되었다.

고통을 열어젖히고 그 안으로 걸어 들어가거나 뛰어드는 일에는 우리에게 힘을 주는 기묘한 무언가가 있다. 끈적끈적하고 따끔따끔하고 과즙이 줄줄 새어나오는, 독이 든 과일을 내 옆으로 끌어당기기. 고통은 내가 타인이 없는 곳에 있다는 것을 의미한다 어느 정도까지는. 고통과의 접촉은 나를 더 강하게 한다. 이것은 치통이 어떤 방향감각을 주는 것과 비슷하다. 우리는 고통을 느낌으로써 종종 자신이 어디 있는지 알 수 있다. 고통을 뒤쫓음으로써 자신이 어디 숨어있는지 알게 된다.

끝까지 고통을 따라간다면, 어떤 장벽을 통과하게 된다. 나는 끔찍하게 불행하던 젊은 시절, 어느 날 우연히 이를 알게 되었다. 그 일은 버스에서 일어났다. 나는 고통 속으로 몸을 굽히고 그 속으로 깊이, 더 깊이 들어갔다. 어느 순간 일종의 반半 암전semiblackout이 있었고, 모든 것이 역전되었다. 질구膣口를 지나 천국 같은 하늘 속으로. 별. 빛. 광휘.

세게 얻어맞으면 별이 보인다는, 흔히들 하는 말은 정말 극적인 진실이다. 반 고흐의 <별이 빛나는 밤>이 떠오른다. 나는 별의 황홀을 그토록 생생하게 그려내기 위해 그가 통과했어야 했을 고통을 거의 상상조차 할 수 없다. 이는 환한 대낮에도 일어날 수 있다. 대학시절 어느 봄날 아침에, 나는 비발디 음악을 틀고 창문을 열었다. 그리고 음악을 듣고 공기를 느끼고 햇살을 바라보는 바로 그 순간 고통이 잦아들고, 기쁨이 그 자리를 차지했다. 기쁨이 터져 나왔다. 생각이 사라졌다. 이 절대적 기쁨의 순간은 이전에 느꼈던 그 모든 고통들보다 더 생생하고 진실하게 느껴졌다.

태어나서 처음 별을 본 것은 두 살이 조금 넘었을 때였다.

클라리넷 연주를 일곱 살인가, 여덟 살 때 들었는데 웃음을 멈출 수 없었다.

고등학교 때 로렐에게 작별인사를 하며 키스를 했다.

대학 시절 어느 봄날 아침, 비발디를 들으며 창문을 열었다.

1950년대 후반에 트윈픽스의 어느 버려진 땅에 나무 한 그루가 있었다.

이십 대 무렵, 내적인 심장-질이 열려 빛을 발했다.

몸 섞는 여인의 빛나는 눈과 웃음.

조금씩, 조금씩, 황홀한 순간들과 기쁨이 터져 나오고, 통합된다. 흐름이 점점 더 거세어져 많은 하류를 거느린다. 우리는 일상 속에서 소리없는 형태로 이를 감지한다. 언제든 그 흐름은 경험의 틈을 핥으며 비집고 나와 소용돌이치며 맴돌고 휘감아 오른다. 더 따뜻해지고 더 차가워지고 더 밝아지고 더 어두워진다.

고통은 우리의 인격을 하나로 단단하게 이어 붙인다. 기쁨도 마찬가지다. 정서는 우리 인격의 미묘한 느낌을, 그 음조와 질감을, 색채를 바꾼다. 고통과 기쁨과 정서가 배어있는 심성이 뚜렷하게 나타난다.

어떤 어형 변화

나는 미쳐서 미치겠다
나는 미쳐서 슬프다
나는 미쳐서 기쁘다
나는 슬퍼서 슬프다
나는 슬퍼서 기쁘다
나는 기뻐서 슬프다
나는 기뻐서 기쁘다
열정
—클리포드 스콧 Clifford Scott

기본 샌드위치 : 기쁘다-미치다-슬프다-기쁘다.
열정 샌드위치. 황홀 샌드위치

유월절 예식Passover Seder[40]에서 우리는 힐렐Hillel 샌드위치[41]를 먹는다. 이는 무교병[42] 사이에 쓰디 쓴 허브와 하로셋 소스를 넣은 것이다. 상징의 의미를 아는 사람은 누구인가? 우리는 우리 자신, 그리고 광활한 미지를 탐색함으로써 의미를 만들어낸다.

쓴 허브 = 삶의 쓰라림, 고된 삶. 유월절은 노예 상태-자유, 닫힘-열림, 제한-무한, 고됨-기쁨에 대한 것이다. 하로셋 소스는 잘게 썬 과일과 견과류, 그리고 포도주를 섞은 것이다. 이 소스는 다양하게 변형된다. 쓴 것이 달콤해진다.

하로셋 소스와 쓴 허브는 거대한 피라미드 돌을 맞붙이기 위한 접착제를 의미하는지도 모른다. 쓴 허브 : Maror(이는 헤브라이어로 쓴 허브를 의미한다) = 회반죽mortar. 무의식적 논리 속에서 쓴 것은 달고 단 것은 쓰다. 경험은 하나다.

무의식적 논리에는 무한한 차원이 있다. 단 것과 쓴 것이 하나이며 그 각각은 역전되면서 서로를 의미하게 된다. 이것이 저것이

역주 40) 유대인들에게 가장 중요한 예식 중 하나로, 이스라엘 민족의 탈애굽을 기억하고 선조들의 고난과 신의 은총을 기념하는 시간이라고 한다.

역주 41) 1세기에 살았던 유명한 랍비이자 장로로서, 그로 인해 이 음식이 공식적으로 유월절에 사용되기 시작했다고 한다.

역주 42) 누룩을 넣지 않은 빵

다. 이것이 저것이 된다. 이것은 저것을 의미하거나 그를 대체한다. 이것과 저것이 서로의 구성요소가 되면서 서로가 서로에 속한다. 그러나 이것은 저것이 아니다. 예를 들어, 사랑과 증오가 융합하고 서로를 대체하며 역전되고 서로에게 대항하며 그렇게 분리-일체의 변이를 겪기 시작한다.

사라[43]는 노년에 열매를 맺으리라는 신의 약속을 비웃었다. 나오미는 비통해 하였으나(그럴만한 이유가 있었다[44]), 룻은 나오미를 따랐다. 괴로움이라는 끈이 우리를 현실적이게 하고 상처와의 접촉을 유지시켜 준다. 쓰라린 상처. 사라는 쓴웃음을 '삼켰고' 자신의 열매를 '이츠하크'(이삭), 즉 '웃음'이라 이름 지었다. 프로이트는 농담 속에서 상처와 웃음이 서로 결합한다는 데 주목했다.

우리는 쓰라림을 삼키고 이는 인격을 하나로 접합시킨다. 먹음으로써 이를 동화시킨다. 이는 우리의 일부가 되고 우리는 이를 초월한다. 나는 쓰라림이며 동시에 쓰라림이 아니다. 우리는 쓰라림이며 동시에 쓰라림이 아니다. 달콤쌉싸름한 접착제.

감상적인 달콤쌉싸름함. 사라의 웃음의 창백한 반영.

다음과 같은 힐렐의 유명한 격언을 들어보았을 것이다. "만약

역주 43) 아브라함의 아내. 아브라함이 백 살 때 사라는 이삭을 낳았다. 창세기 참조.

역주 44) 나오미는 남편 엘리멜렉이 객사한 후 두 아들을 길러 장가를 보냈으나, 아들들 역시 일찍 죽어버렸다. 작은 며느리였던 룻은 시어머니인 나오미를 떠나지 않고 정성으로 봉양했다. 룻기 참조.

스스로 자신을 위하지 않는다면 누가 나를 위할 것인가? 그러나 내가 오직 나만을 위한다면 나란 존재가 어떤 의미가 있는가? 그리고 지금이 아니라면, 언제 할 수 있을 것인가?" 또 그는 한 발로 서 있을 때 율법의 정수를 가르쳐달라는 질문을 받고 이렇게 대답했다. "나에게 하지 않았으면 하는 일을 타인에게 하지 말라." 힐렐은 힘의 균형을 잡으려 애썼다. 자신을 향한 움직임과 타인을 향한 움직임, 존엄성, 수용성, 세심함, 집요함의 혼합. 샌드위치의 핵심은 섞는 것이고 합치는 것이며 잘 어울리는 것을 고르는 것이다.

무교병은 누룩을 넣지 않은 빵이다. 커지지 않는 빵, 겸손, 자아없음, 신앙, 영적 '가난', 부풀지 않기. 힐렐의 샌드위치는 이러한 관점을 고수한다. 그러나, 아! 달콤함, 그 깊디깊은 기쁨.

단순히 쓰라림보다 더 깊은 기쁨이 아니라, 그 둘이 뒤섞인 기쁨. 아버지는 유대인 노예의 피가 회반죽에 뒤섞여 있는 이미지로 나를 놀래키는 것을 즐기셨다. 와인의 붉은 빛, 피의 영혼. 피의 접착제 속에 섞여있는 혐오스러운 기쁨.

샌드위치는 참으로 계층적으로 보인다. 달콤쌉싸름한 신앙의 샌드위치. 쓰디쓴 기쁨.

상징, 이야기, 이미지를 통할 때 외상은 감당할 수 있을 것처럼 보인다. 그러나 아브라함이 이츠하크를 희생제단으로 데려갈 때 죽어가던 사라는 어찌할 것인가? 상심하여 웃음이 죽는다[45]. 이도 역시 이야기일 뿐인가? 우리는 진짜를 어떻게 얻을 수 있을까?

아침기도에는 향을 피우기 위해 향료를 섞는 순간을 묘사하는 출애굽기의 구절이 담겨 있다. 그리고 이 향에는 구린내를 풍기는 풍자향楓子香도 포함된다. 여러 가지 냄새로 다양한 작용을 하는 향료들이 완전히 뒤섞이는 것이다. 모든 경험이 너무도 완전하게 뒤섞이기에 그 어떤 경험 하나로도 완전히 환원될 수 없는 고유한 향을 만들어내는 영혼의 영역이 있다.

아브라함의 시험은 사라의 죽음이다.

아브라함을 시험에 통과시킨 신이 여자의 웃음은 반대했던 것일까?

사라와 아브라함은 향 접시 속에서 하나로 섞였을까?

역주 45) 이삭이라는 이름이 '웃음'의 의미를 담고 있기에 중의적으로 쓰인 문장이다.

그리고 황홀의 샌드위치는? 기쁘다-미치다-슬프다-기쁘다는? 이는 완전히 섞여 있기에 샌드위치라고 부를 수도 없는 것인가? 감정은 정신적 혈액, 피 속의 영혼이다.

어떤 이야기에 따르면 슬픔보다 광기가 먼저라고 한다. 나는 슬픔보다는 차라리 미치는 것을 선택하겠다. 커가면서 나는 더 많은 슬픔들을 허락했고 타인을 나처럼 느꼈다. 때로 나는 미치는 것이 슬펐다. 심지어 기쁜 것이 슬펐다.

때로 기쁨은 타인을 밀어내 버린다. 나조차 밀어내 버릴 수 있다. 어떻게 기쁨이 모든 사람을 밀어낼 수 있을까?

하나의 느낌이 너무도 커다랗기에 다른 어떤 것을 위한 여지도 남아있지 않을 수 있다. 기쁨이 상황을 장악하고 부풀어 오르면서 도취된다. 나 자신 혹은 다른 누군가를 위한 공간이 너무도 작다. 기쁨이 모든 공간을 채운다.

기쁨에 대한 슬픔은 사람들을 위한 공간을 만들어낸다.

슬픔이나 광기 역시 악성이 되면서 그 자신만을 남겨놓고 모든 것을 밀어내버릴 수 있다. 느낌이 벌에 쏘인 것처럼 부풀고 모든 주의를 소모시킨다. 어떤 사람들은 이러한 독에 알레르기가 있어서 죽을 지경이 될 수도 있다.

"내가 기뻐서 기쁘다" 속에 기쁨과 광기가 하나도 버려지지 않고 같이 잘 흡수되어 있는 경지에 다다르기 위해서는 성장이, 혹은 향료들을 잘 뒤섞는 것이 필요하다. 모든 감정은 서로의 일부이며 다양하게 변할 여지가 있고 서로를 시험에 들게 한다. 외상의 샌드위치와 기쁨의 샌드위치가 향료 접시에서 뒤섞인다. 혼합의 일부.

나는 기쁨 사이에 광기-슬픔을 놓는다. 항상 가능한 것은 아니다.

기쁨은 때로 극단으로 나아가 담는 그릇container[46]이 된다. 랍비 아키바Akivah는 신을 지극히 사랑하였기에 신을 외치며 순교자로서 죽을 수 있는 기회를 주시기를 희망했다. 모든 마음과 뜻과 힘을 다해 신을 사랑했다. 로마인이 그의 가죽을 벗기자, 그의 영혼과 입은 세상에 신의 존재를 흩뿌렸다.

랍비 아키바는 히브리어를 읽는 법을 사십 대에 배워서 위대한 율법학자가 되었다. 그가 율법이 되고 율법이 그가 되었다. 그는 우리 안에서 타오르는 불꽃의 일부가 되었다. 불꽃에 타지는 않을까 우리는 두려워하지만, 그것이 없다면 우린 공허하다.

역주 46) 비온의 개념이다.

"인간은 빵만으로 살지 않는다. 신의 입에서 비롯된 모든 것을 통해서 산다."

랍비 아키바는 바로 이 모든 것을 갈망했다!

그에 대한 기억은 이 모든 것을 느껴볼 수 있게 해준다.

랍비 아키바에 대한 이야기가 또 하나 있다. 위대한 세 남자가 천국에 들었다. 그 중 한 명은 미쳐버렸고, 한 명은 자살했다. 그러나 랍비 아키바는 새로이 회복하여 상쾌한 기분으로 돌아왔다.

이스라엘에 있는 랍비 아키바의 무덤을 방문했다. 그는 정말 거기 묻혀 있을까? 어떤 존재가 주변을 맴돌다가 위로 떠오른다. 영적 존재는 대체로 독특한 장소에 모여 있다.

그의 무덤을 방문했기에 랍비 아키바의 흔적은 내 영혼에 더 깊이 새겨졌다. '랍비 아키바'라는 묘비 위 글자처럼, 내 영혼에도 어떤 표지가 있다. 아키바의 무덤에 특별히 눈에 띄는 것은 아무것도 없었지만, 햇살 속에 영靈, spirit이 있었다.

알파벳 글자밖에 모르던 한 문맹 소년이 "알렙Aleph, 베트Bet, 기멜Gimmel..."[47]이라고 이야기하자, 교회 안에서 환한 빛이 흘러나왔다는 이야기에 대해서 생각한다. 그는 자신의 모든 사랑을 담아

역주 47) 이는 히브리어의 첫 세 알파벳이다.

이 단어를 말했다.

히브리어 단어는 불꽃과 눈물의 혼합물이다.

또한 남성적 요소와 여성적 요소가 담겨 있고 생성의 요소들, 정자와 난자가 담겨 있다.

히브리어 알파벳은 최초의 초자연적 경계 및 공간에서 시작되어 오랜 세월에 걸쳐 발달하였다. 꾸불꾸불한 모양이 줄어들고 더 양식화되었으며 단단하고 확고해졌다. 그러나 이는 여전히 강력한 환기력을 지니고 있다. 이 알파벳은 신성을 불러일으키는 많은 것을 담고 있다.

컴퓨터 칩의 자그마한 공간 안에 수많은 것들이 담길 수 있다. 그러나 이는 영혼의 극미한 순간에 희미하게 반짝이는 것들에 비하면 아무것도 아니다.

아키바의 영靈이 희미하게 반짝인다.

육체의 피부가 벗겨지는데 어떻게 영혼이 더 환하게 빛날 수 있는 것일까?

피부 없는 육체, 피부 없는 영혼.

뉴욕에서 W.R. 비온을 만났을 때, 나는 당신에게는 기쁨이 없는 것 같다고 말했다.

그는 무언가를 능숙하게 생각하는 것 같더니 거의 순식간에 반응했다. 그러니까 일종의 성찰적 즉각성을 보였다.

그는 거의 즉각적으로 대략 다음처럼 말했다. "그렇다면 당신은 몸속에서 기쁨을 느껴야 합니다. 몸 전체를 통해서. 당신 피부 속에서 기쁨이 빛나야 해요." 그는 만약 기쁨이 중요하다면, 존재 전체를 가득 채워야 하며 기쁨의 화신이 되어야 한다고 말하고 있었다. 단순히 보는 것이 아니라, 보이는 기쁨이 아니라 말이다. 만약 그 느낌이 진짜라면, 육체는 그 느낌을 산다. 그 느낌이 피부 속에서, 온 몸의 구멍과 근육과 감각 속에서 빛나야 한다. 단순히 마음속에서가 아니라. 단순히 기쁨의 감각이나 생각이 아니라.

릴케와 키츠에 대해서 생각한다. 기쁨과 아름다움의 결합. 비록 릴케의 기쁨에는 유머가 좀 부족했지만 말이다.

나와 비온은 상당히 짧은 시간 동안 많은 이야기를 나누었다. 나는 그가 이야기를 빨리 마치고 싶어 하지 않는다는 것을 알아차렸다. 우리는 그렇게 흘러갔고 마침내 죄책감을 느낀 내가 자리를 떴다. 그것은 내 본성이다. 나는 관계를 너무 빨리 끝낸다. 회기를 재빨리 마쳐버릴 때마다 비온이 잡담하며 그렇게 나를 기다리며서 있던 방식에 대해서 생각한다. 그는 시간을 열어놓고 천천히 끝나거나 계속되게 했다.

서로를 기다릴 수 있다는 것은 참으로 소중한 특성이다. 우리 중 얼마나 그렇게 할 수 있을까? 그리고 거의 항상 그렇게 하고 싶어 할 수 있을까?

내가 참석했던 비온의 세미나에는 힘든 순간들이 많았다. 그 집단에는 특정한 방식의 지적 오락에 익숙한 아주 '영리한' 분석가들이 많았고 비온의 방식은 그 틀에 잘 들어맞지 않았다. 좌절이 만져질 것처럼 느껴졌고 영리한 사람들이 너무도 쉽게 지어내는 빈정거림과 비난이 계속되었다. 그러나 열심히 작업하면서 그 어려움을 같이 하는 사람들도 있었다. 우리는 장벽에 도전했고 어떻게든 파고 들어가기 시작했다. 금방이라도 잡을 수 있을 것만 같은 어떤 것 옆에 계속 머무르는 데에서 오는 긴장이 고조되었다. 우리는 회기를 특징짓는 장애물 쪽으로, 자기의 파괴적 영역 쪽으로 끌려들어갔다. 세미나가 끝날 무렵에, 안도감이 만져질 것처럼 느껴졌고 안도감 이상의 무엇이 있었다. 그것은 무엇인가를 해낸 데에서 오는 기쁨이었다. 다음처럼 말할 때 비온이 나를 잠깐 봤던 것 같다. "그래요. 이 모든 난관을 그토록 어렵게 헤쳐 나오는데 이런 기쁨을 느끼다니 참 이상하지요."

그가 정확하게 뭐라고 말했는지는 기억하지 못한다. 그러나 그는 장애물이 우리를 어디로 데려가건 거기 매달려 있는 데에서 오는 기쁨에 대해 말했다. 머물러야 하는 것 옆에서 머무르고 머무르기. 정신분석적 기쁨은 우리를 녹초로 만드는 기쁨이다. 그럼에도 이는 아주 실제적인 기쁨으로, 정신분석 작업의 맨 밑바닥부터 꼭대기까지 관통한다.

스티븐 스필버그의 영화 <라이언 일병 구하기>의 오마하 해변 상륙 장면은 무섭다는 말로는 표현이 안 되는 끔찍한 순간을 묘사한다. 상륙용 함정에서 내리는 미군 병사들은 독일군의 총에 살육당한다. 많은 병사들이 상륙조차 하지 못한다. 함정 문이 열리자마자 병사들은 총에 맞아 날아가 버린다.

상황은 머릿수에 달려있는 것처럼 보일 지경이다. 독일군 총알보다 많은 미군 병사들이 상륙을 시도한다. 총알보다 많은 육체.

파도가 자꾸 몰려오듯 군인들이 상륙하고 살육 당한다. 그 장면이 소름끼치도록 세밀하게 묘사된다. 그럼에도 병사들은 조금씩 상황을 돌파하기 시작하고 상륙 거점을 확보하고 더 나은 위치를 점거한다. 그렇게 점차 미군이 상황을 주도하기 시작한다. 사방에 육체가 있다. 살육과 희생.

처음 상륙을 시도하는 사람이 살아남을 확률은 실질적으로 전혀 없다. 그럼에도 첫 파도가 있어야 두 번째 세 번째 파도가 칠 수 있다. 상륙이 성공하기 위해서는 충분한 육체의 파도가 들이쳐야 한다. 죽은 자들 사이에 실낱같은 길을 낼 수 있을 만큼의 살아있는 육체가 필요하다.

개미떼 같은 인간. 아무리 눌러 죽여도 끝없이 개미가 몰려나온다.

누가 살고 누가 죽는가?

희생적 살육. 누구는 살아남는다. 충분히 많은 사람들이 살아남는다.

세대의 파도. 우리는 계속해서 태어나고 짓고 다시 만든다. 멈추지 않고.

영화는 공포에서 시작해 승리에까지 닿는다. 무작위적 대량 살육은 견고하다. 죽음은 덫이다. 빨리 오건 늦게 오건 말이다. 영화의 생생한 묘사 속에서 총 맞은 육체는 열리고, 안에 있는 것들이 줄줄 흘러나온다. 자신의 얼굴 속에 있는 살肉을 감당할 수 없다면 아무것도 감당할 수 없다.

한 장면에서는 죽어가는 병사가 흘러나온 내장을 다시 구겨 넣으려 한다. 그는 상황을 도저히 믿지 못하고 어떻게든 살려 한다. 그러나 나는 원래 그가 단정한 사람이 아니었나 하는 생각을 멈출 수 없었다(아마 내 성격이 특이한 탓이다). 그는 죽기 전에 자신을 구겨 넣으려 했다. 알몸을 덮고 입을 다물게 하는 것(우리는 죽은 자의 입을 닫고 싶어 한다)처럼 말이다. 죽음 앞에서 스스로 삼가고 존엄을 지키는 행동. 삼가는 일과 존엄함은 합해서 전체를 이룬다. 생명은 계속 출현한다.

영화는 선善에 대한 감각이 뚜렷하게 나타나면서 끝난다. 악은 타협할 수 없고 타협되지도 않는다. 선은 연약하고 말로 표현하기도 힘들지 모르지만, 악만큼 실제적이며 어쩌면 악보다 더 실제적일 것이다. 실제적인 진짜 악보다 선이 더 진짜 같고 더 실제적인 것은 헐리우드적 감상일 뿐일까?

이 영화가 선에 대한 감탄스러운 사례가 되는 것은 선에 의해 악이 흐려지지 않기 때문이다. 선은 악을 손상시키지 않으며 대체하지 않으며 그로부터 도망치지도 않는다.

치료 회기에 대한 비온의 묘사는 전쟁의 이미지로 가득하다. 치료라는 전투 속에서 두려움은 가장 지배적인 감정이다. 두려움과 격노.

그러나 많은 군인들은 전투의 쾌락에 대해서 말한다. 그럴 수 있는 것인가?

전투 속에서 다른 어느 때보다 더 생생하게 살아있었다고 사람들이 말하는 것을 들은 적이 있다. 삶이 가장 강렬한 순간. 그에 비하면 일상은 맥없이 창백하다.

호메로스가 전쟁을, 그 영광과 광기를 묘사하는 것을 보라.

영광.

전쟁 속의 은밀한 황홀? 그리 은밀하지도 않은?

전투의 자부심?

스필버그가 하고자 했던 이야기가 황홀이었다고는 생각되지 않는다. 사람들을 움직였던 것은 두려움과 살육뿐 아니라 희생의 감각이었다. 그들은 해야 하는 일을 했고 그렇게 조금씩 나아갔다. 그들은 임무를 수행할 방법을 찾아냈다. 그 임무는 감정이 흐르고 또 얼어붙는 무대였다. 강렬함, 텅빔, 독창성, 행운, 사라짐, 재결합, 끈질김. 사람들은 낭비되고 탕진되나, 집단은 더 많은 사람들로 자리를 메꾸며 나아간다.

비온은 전투에서 가장 두드러지게 느꼈던 감정은 두려움이었다고 끊임없이 이야기했다. 영웅으로 포장되었으나 사실 자신은 겁쟁이라고 주장했다.

살육의 황홀은 어디 있는가? 너무도 많은 영화들이 노략질, 강간, 지배와 굴종, 전쟁의 음모를 그려내는 것을 좋아한다. 스필버그는 전쟁의 두려움을, 그 임무와 작업들을, 자격요건과 광기를, 그리고 감상적이건 아니건 간에 그 이상의 무엇을 이야기했다. 삶 속의 악이라고 해서 모두 선한 흐름을 무화시킬 수는 없다는 것을 말이다.

제 2차 세계 대전에서 비온은 군 정신과 의사로 근무하면서 전투에서 충격을 받은 군인들을 치료했다(제 1차 세계대전에서 그는 탱크 지휘관으로 일했다). 그의 임무는 최대한 빨리 군인을 전쟁터로 되돌려 보내는 것이었다. 그는 집단 치료를 했다.

그는 집단을 일종의 전쟁 지대로 묘사했다. 여기에서 치료자는 다른 누구만큼 충격을 받는다. 심지어 말년에도 비온은 치료자를 폭격 속에서 생각하려고 애쓰는 모습으로 그렸다. 여기에서 충격은 감정적 영향을, 그 느낌의 강렬함을 표현하는 단어다. 감정적 파도 = 충격파.

우리가 너무도 겁에 질려 아무것도 느끼지 못한다면 어찌할 것인가? 충격에 마비되기. 최대의 감정이 최소가 되고 최소의 감정이 최대가 되기. 고양된 강렬함 = 무無의 차원. 너무 많은 것이 너무 적은 것이 되고 시스템이 차단된다. 폭력과 공백.

그룹에 대한 비온의 묘사는 해롤드 핀터[48] 작품의 분위기를 띈다. 극은 치료자가 홀로 무대에 서 있는 것으로 시작한다. 스포트라이트가 그를 비춘다. 상황이 나쁘지 않다면, 그래서 통상 그렇듯이 사람들이 기본적으로 호감을 갖고 있다면 치료자는 아마 편안한 기분일 것이다. 이제 환자들이 들어온다. 그들은 앉아서 이야기를 시작한다. 압력이 고조된다. 치료자는 혼란스러워지고 변형된다. 환자들은 누군가(서로서로나 치료자를)를 압박해서 하지 않을 수 없는 일을 하게 만들려 한다. 과격한 침범.

하지 않을 수 없는 일이란 무엇인가? 아주 단순하다. 느끼는

역주 48) 원문에는 Pinteresque라는 단어가 쓰였다. 해롤드 핀터의 극에서처럼, 언어가 의사소통을 위해서가 아니라 위협적이면서 희극적인 분위기를 만들어내기 위해서 쓰인다는 뜻이다.

능력을 회복하는 것. 느끼는 자기가 되는 것. 특히 느끼지 못하게 하려는 압박 속에서 느끼는 자기가 되기.

<라이언 일병 구하기>의 어떤 장면에서는 모든 소리가 사라진다. 그러나 움직임은 멈추지 않는다. 포격이 귀를 멀게 하기 때문에 일어나는 일이다. 이는 또한 충격 상태를 표현한다. 모든 기능이 정지된다. 일종의 정신적 암전 상태. 주체가 사라진다. 주체는 육체를, 움직임들을 보지만 일시적으로 마비된다. 얼어붙은 지대.

치료의 핵심은 소리가 되돌아오도록, 소리가 녹아 풀려나도록 만드는 것이다.

평생의 과정.

너와 나 사이에서 무슨 일이 일어나는가? 모든 너와 나 사이에?

스필버그는 넘지 않을 선을 그어놓았다고 이야기했다. 모든 공포를 그려내지는 않을 것이며 오로지 어느 선까지의 공포만을 묘사하겠다는 것이다. 이는 공포 앞에서의 어떤 겸허함일까?

나는 치료에 대해 설명함으로써 회기에 만연한 공포와 좋음의 혼합을 묘사할 수 있다고 생각하지 않는다. 가끔 노력은 하지만, 어느 선까지만이다.

치료자가 마비될 수 있다는 것을 알면 대중들은 무서워할까?

이는 단순한 전투 '피로' 이상이다. 치료자는 종종 이해할 수도, 해독할 수도 없는 감정적 사건의 영향 때문에 알지도 못한 채 극에서 밀려난다.

치료는 환자에게만큼이나 치료자에게도 중요하다. 치료자는 치료를 통해 치료 능력을 증진시키고자 한다. 치료가 진행되면서 우리는 스스로 생각하고 느끼려 노력한다. 많은 치료 작업이 실제 회기들 사이의 시간에 무의식적으로 진행된다. 우리는 이전 회기에서 요구되었던 작업을 하고 다음 회기에 간다.

치료 순간에 치료 안에 있지 못하도록 막는 난관들이 있다. 이는 부분적으로 지금 일어나는 과정이 너무 일렀거나 너무 늦었기 때문에 생긴다.

치료의 황홀-공포의 일부는 오랜 시간 동안 더듬어온 난관이 바로 치료 작업 그 자체라는 인식에서 생긴다. 결국 환자 역시 같은 배를 타고 있다. 치료자도 환자도 그 순간 무슨 일이 일어나고 있는지 알지 못할 수 있다. 그러나 이들 중 하나 혹은 두 사람 모두 이를 감지한다. 이를 감지하고 바로 그 자리에서 이야기하는 것을 통해서 감지하는 능력은 향상된다.

두 사람이 동시에 다소 간의 충격을 받을 수도 있다. 치료자는 환자에게 그 충격을 감지하고 느끼고 어떨 땐 그 자리에서 이야기하는 경험(회오리바람 속에서 자신의 목소리로)을 제공한다.

정신치료에서 얻을 수 있는 것은 오로지 정신치료를 하는 능력

밖에 없는 것일까? 치료를 통해서 다른 공포-황홀들에 다가갈 수 있을까? 치료를 통해서 치료 밖으로 걸어나올 수 있을까?

치료자들은 종종 치료 회기 속에서 가장 생생하게 살아있다고 말하곤 한다. 치료가 하나의 삶의 방식이 되고 삶은 일종의 치료 형태가 된다.

이는 치료를 비판하는 논점인가?

일단 치료적 황홀에 중독되고 나면 삶이라는 전투의 최전방에 나설 수 있게 되는가?

황홀을 느끼는 치료자는 전사로서의 날카로움을 잃게 되는가?

치료자 사이에서 벌어지는 전쟁들을 염두에 두건데, 결코 두려워하지 말라.

전쟁은 하나의 상수常數다. 전장은 끊임없이 변하지만 말이다.

만약 마비와 폭력과 황홀이 서로 연결되어 있다면, 우리는 무엇을 할 수 있는가? 치료 속에서 우리는 이러한 연결과 함께 머물기 위해 노력하고 그렇게 조금씩 더 같이 머문다. 만약 우리가 무언가와 함께 머문다면, 무언가가 일어난다.

윌리엄 블레이크는 어딘가에서 천국에 대해서 썼다. 천국은 모든 목소리가 최대한 자신을 표현하려 애쓰는 하나의 전쟁인데, 그것이 모두에게 이득이 된다. 천국에서는 어떤 갈등도 타협되지 않는다. 절대적 갈등이 절대적 보상을 불러온다. 이는 아마도 모든 갈등이 상상적 표현을 통해서 매개되기 때문일 것이다.

셰익스피어는 경험의 합일성을 최대한으로 이용했다. 서로 반대되는 것들이 융합한다. 혼란이 지배한다. 이성적 구분은 광기, 정신박약, 냉혹한 열정의 심연 위에 떠있다. 현실은 아름답고 끔찍하고 미쳐있다.

낭만적 사랑은 일종의 '열병'이고 '불확실한 병적 취향'이다.

"욕망은 죽음이다"

우리는 '끝없는 불안 속에서 광증에 빠져' 있으며, 우리의 사랑은 '지옥처럼 검고 밤처럼 어둡다'[49].

역주 49) 이 단락의 인용은 모두 셰익스피어의 소네트 147에서 가져온 것이다.

이는 황홀한 고통이다.

우리의 목표는 상황을 뒤집는 것이다. 죽음의 먹이가 되는 것이 아니라 '죽음을 먹고' 사는 것이다.

우리는 내적으로 더 풍성해진다, 죽음-정신박약-광기와 '불확실한 병적 취향'으로 가득한, 황홀한 아름다움의 젖꼭지를 빨면서.

우리는 느껴야 하는 것을 느낌으로써 상황을 뒤집는다.

우리는 시와 연극으로 상황을 뒤집는다.

경험은 내전内戰 이다.

옳고 그른 것이 뒤섞이고 뒤집어져 하나만을 고집하는 것이 불가능해진다. 서로 반대되는 것들이 서로를 물들이고 상호적으로 원칙을 오염시킨다.

셰익스피어는 죽음과 광기와 공허와 혼란과 격노와 열병과 치매에 대해 명상했다.

우리는 생생하게 살아있음으로써 그리고 이를 인식함으로써 상황을 뒤집는다.

'속은 살찌게 하고... 그리하여 너는 죽음을 먹고 살라'[50)]

역주 50) 셰익스피어 소네트 146

욕망의 대상을 지옥처럼 검은 것으로, 욕망을 죽음으로 묵상하는 일은 자기 속에 깊은 우물을 만든다. 우리는 상상할 수 있는 그 어떤 미궁보다도 깊은 욕망과 지옥과 죽음의 실마리를 따라간다. 미궁은 삶의 표면을 감싼다. 우리는 동시에 여러 길을 가지만, 그 길 모두에 의해서 찢긴다.

욕망, 죽음, 지옥은 우리를 더 깊이 데려간다. 그 길이 어떤 길이든 간에.

셰익스피어는 삶을 고양시키는 만큼 파멸시키는 '정신착란적인 X'를 보여준다. 창조적 상상은 어느 정도까지는 우리를 구원해준다. 우리는 공포와 광기를 그려보고 이를 깊이 느끼고 다시 만들어보고 기록함으로써 아름다움이 공포를 낳는다는 소름끼치는 아이러니를 통해 풍성해진다. 아름다움-공포는 서로를 잉태한다. 그리고 창조 행위는 이를 변호한다. 창조 행위는 타임캡슐이다. 이는 모든 생생한 현재마다 유일무이하며 시간이란 토양 속에서 자라서 영원 속에서 지속된다.

셰익스피어를 읽는 일은 우리를 구제하는가?

심오한 연금술의 활동, 정서적 화학 작용.

물론 셰익스피어는 돈을 벌기 위해서 희곡을 쓰고 연기를 하고 극을 상연하였으며 부동산에 투자하기도 했다. 그는 현실적이었다. 그는 스스로 벌어서 먹고 살았고 그렇게 자신의 길을 갔다.

아마도 그는 타인의 작품을 고쳐 쓰는 것으로 일을 시작했을 것이다. 셰익스피어가 언제 셰익스피어가 되었을까? 언제 그의 문장이 나름의 생명을 얻고 깊은 광맥을 파고 들어가 날개를 얻었을까? 나무나 별들보다 생생하며 더 추진력 있는 힘이자 언어가 되고 실제 사람보다 더 생생한 캐릭터가 되었을까? 어떻게 표면에다 삶의 안팎을 뒤집을 수 있었을까?

검은 사랑, 검은 욕망, 검은 죽음. 페이지들엔 광기와 무가치함의 도장이 곳곳에 찍혀있고 아름다움이 그를 관통한다. 빛나는 광기, 불꽃을 내뿜는 죽음, 병적 부패. 썩은 상태, 썩은 자기, 썩은 육체들. 죽음-삶의 서명. 셰익스피어가 쓴 모든 페이지 속에서 죽음과 삶은 서로에게 스며든다.

세속화된 성서적 강렬함, 절정에서 절정으로 움직이며 살아가는 고통에 잠긴 목소리.

성서처럼, 셰익스피어의 작품은 결코 움츠러들지 않는다. 길을 벗어나지도 않는다. 그의 작품 속 단어 하나하나에는 인간 조건에 대한 '감'이 담겨 있다. 그의 작품은 프리즘을 살짝 움직여 광선을 받아들인다. 검은 다이아몬드. 몸이 부딪치는 소리와 야단법석, 그리고 고함 소리들. 무無에서 무명無名으로.

셰익스피어는 누구에게 이야기하고 있는가? 그 시대의 고귀하거나 미친한 사람들에게도 아니고, 지금 우리에게도 아니다. 그는 고통스럽게 공허에게 이야기한다. 혼미 상태에 빠져 들기 직전까지에 이르는 강렬한 감정. 충만한 공간과 시간 속에서 명령하고 간청하는 공허. 때로 창조 행위가 그 중심에서 무시무시한 속도로 솟아나오는데, 이는 그만큼 더 섬뜩하고 매혹적이다. 자꾸 무거워지다 보면 무게가 사라지기 때문이다.

시편의 기자 다윗이 우리를 감동시키는 이유는 그가 신에게 이야기하기 때문이다. 간절한 마음으로 그는 울부짖는다. 우리는 신이 그에게 이야기하는 것은 듣지 못한다. 대신 다윗의 외침 속에서 신의 목소리를 듣는다.

신은 무정하게 움직이지만, 어느 순간에라도 신의 마음이 열릴 가능성은 항상 존재한다.

우리들 중 일부는 잠시 동안 신에 닿는다. 마음이 닿는다.

신과 자기는 계속 움직인다. 자기가 붕괴되고 뒤로 미끄러졌다가, 제 길을 찾아 다시 손을 뻗는다.

모든 희망이 느슨한 실타래 위에 고정되어 있다.

볼 수도, 들을 수도, 만질 수도 없는데 어떻게 우리는 절대적 존재에 그토록 가까이 있다고 느낄 수 있는가? 보이지 않고 만질 수도 없고, 존재하지도 않는 것이 형언할 수 없는 가까움을 위한 조건인가?

신, 바로 그 곳.

신에게 돌격하는 것은 적의 해변으로 돌격하는 것과 비슷한가? 우리들 중 일부는 살아남고 그 중 일부는 승리한다.

동물을 바치는 것은 효과가 없다. 우리는 사람들이 얼마나 많은 세월 동안 동물을 바침으로써 자신을 정화하려 했는지 알지 못한다.

성서는 희생 제의를 상세하게 묘사한다. 어떤 죄가 있어서 특별히 어떤 동물을 바쳤는지 말이다. 그리고 언제 누가 무엇을 해야 하는지에 대해서.

중심 사원, 위대한 사원.

어쩌면 이는 너무 정적이다.

나는 그 모든 구절 속에서 경외를, 떨리는 희망을, 사태를 바로잡고자 하는 소망을 느낀다.

사람보다는 동물이 낫다.

특정 시대에 어떤 사람들은 자신을 정화하고 권력을 얻기 위해서 사람을 희생시켰다.

정화하고 카타르시스를 얻고 씻어내고 권력과 동화하려는 욕구. 오점을 없애고 권력을 얻기 위해.

죄와 타락의 얼룩. 셰익스피어의 부패, 공허, 광기, 혼란.

'쉼없는 황홀'

너 자신의 눈과 마음을, 그러므로 병을 따르라.

너의 천복을, 그러므로 광기를 따르라.

권력에 미친 뇌와 육체가 이웃의 물건을 곁눈질한다.

원죄의 문제는 그것이 아담과 이브를, 시간 속 한 순간을 가리키고 있다는 사실이다. 그런데 그 역도 있음직하다. 시간이란 바로 그 순간이다. 혹은 그 순간이 시간의 시원이다. 시간, 생기, 충동. 얼룩을 지워 없애는 유일한 방법은 생명 충동을 지워 없애버리는 것이다. 셰익스피어의 역설적 저의底意, 즉 어떻게 우리가 완전하게 살아있으면서 동시에 존재하고자 하는 욕구를 지워 없앨 수 있을 것인가? 오로지 살고자 하는 의지를 지워 없애는 것을 통해서만이 우리는 삶이라는 독을 제거할 수 있다.

한때의 대중적 믿음과는 반대로 서로를 재미로, 운동 삼아, 에너지를 즐기기 위해 죽이는 동물들이 있다.

그런 에너지를 쉽게 다루는 것이 과연 가능할까?

동물 희생 제의를 통해서 에너지의 방향을 돌릴 수 있을까?

이는 공격성을 사람으로부터 동물로 돌려보려는 영리한 시도였고 훌륭한 희망이었다. 사람이 아니라 동물을 죽인다. 모든 것을 씻어내는 살해 행위의 대상으로 사람 대신 동물을.

우리는 죄를 끊어낼 수 없다. 얼룩에서 빠져나올 수 없다. 생명을 제거하고 살 수는 없다. 그래서 동물이 죄와 얼룩을 상징하도록 만든 뒤 동물을 통해 이를 제거하는 것이다. 동물의 피가 우리 죄를 씻어가도록. 우리의 더럽혀진 영혼을 위한 흠없는 동물.

식인풍습과 희생적 살해는 나자렛의 예수 주변을 맴돈다. 우리의 타락을 위한 타락하지 않는 존재. 우리가 신을 위해 희생하는 것이 아니라 우리를 위해 신이 희생하기. 이는 양방향으로 이루어진다. 양방향으로 에너지와 신실함이 흐르는 것이다. 우리는 서로를 위해 희생한다. 자신을 위해 서로 희생한다.

새로운 종류의 희생, 즉 자기 희생. 영靈 속의 희생적 차원.

육체가 아니라, 영혼.

예언자들은 십일조나 동물로 희생을 대체하는 것을 경멸했다. 자기가 반드시 해야 한다. 새로운 전환! 위대한 사원은 사라졌다. 이제 영혼이 사원이며, 모든 일을 직접 해야 한다. 마음의 할례.

빈궁한 자(모든 사람의 자기가 그렇다)를 보살피고 선행을 베풀기. 우리는 어디서든 자기 자신의 성직자이다. 동물 희생이 아니라 희생적인 여행을. 신비로서의 희생, 영원히 새로운 삶으로의 관문.

열림으로서의 삶.

내가 아는 한, 셰익스피어는 누구도 죽이지 않았다. 그러나 그의 희곡은 살인과 고통의 외침으로 가득하다. 그의 작품은 피부를 벗겨내어 발가벗은 영혼의 히스테리를 보여준다. 잔혹한 행동보다는 열로 달뜬 말들. 우리를 들뜨게 만들고 위협하는 말들, 우리를 고무시키고 또 우리의 가면을 벗기는 말로 된 칼. 전장과 뒷골목보다는 극장과 대본을.

마음의 껍질을 벗기는 말들.

성서, 부처, 소크라테스, 셰익스피어… 마음을 벗기는 자들.

음산한 얼룩과 선善이 빛나게 하라. 모두 풀려나게 하라.

폭력이 새로운 집을 찾는다. 가공할 두려움은 극장과 대본 안에 머무르지 않는다. 동물로는 소용이 없다. 극장으로도 안 된다.

비폭력은 그것이 뿌리 뽑으려 했던 식욕을 오히려 돋군다.

사방에 살인이 있다. 황홀하고 고통스러운 살인의 외침.

세상에 살았거나 앞으로 살 사람들이 한 명 한 명 모두 호명된다. 살인자를 추적하여 쓰라린 죽음을 안기기 위해. 쓰라린 결말에 이르기까지 끝없이 자기를 추적하기 위해.

당신과 나는 황홀한, 괴로워하는 살인자들이다.

살아있음이라는 악당의 흔적을 끝까지 쫓아라.

우리를 행복하게 하고, 슬프게 하는 살아있음.

살인이 살아있음의 일부가 된다. 황홀이 이를 덮는다.

황홀이 살아있음의 일부가 된다. 살인이 이를 덮는다.

우리는 살아있음으로 무엇을 하는가?

위니코트는 살인을 민주화했다. 살인은 일상생활의 일부이다. 우리는 스스로를, 서로를 끊임없이 파괴한다. 우리는 무의식적 환상이라는 배경 속에서 항상 서로를 죽이고 있다. 죽이려는 욕구는 모든 상호작용의 일부이다.

이것이 우리의 전부는 아니지만, 이것이 없다면 우리 자신이 될 수 없다.

이는 언제든 침입break in해서 좋은 순간을 파괴할 수 있다.

어린아이의 짜증이나 변덕처럼.

'부수다break'라는 단어는 흥미롭다. 범죄자처럼 침입break in하기, 혹은 역병처럼 퍼지기break out. 희망을, 연대를, 혹은 인간을 깨부수기break... 어떤 붕괴breakdown. 아이들은 언제나 뭔가를 부수고break 싶어서 돌진한다break for.

우리는 영원히 미안하다고 말할 수 있다.

스토아 학파처럼 금욕하면서 감내할 수도 있다.

내 자유라며 잔혹한 능력을 의기양양하게 뽐낼 수도 있다.

평화와 검劍 사이를 왕복하는 법을 배울 수도 있다.

위니코트의 개념은 이와는 조금 다르다. 우리는 서로의 파괴적 요소에서 살아남을 수 있는(이를 끌어안지는 못하더라도) 지점까지 성장해 가야 한다. 파괴성은 살아있음의 일부이다. 위니코트는 아기가 타인에게 살아있음을 빼앗길 수 있다고 느끼는 것이 결정적으로 중요하다고 생각했다. 파괴성이 살아있음의 일부가 되고 자기의 핵심적 일부인 그 파괴성이 어머니에게 던져진다면, 어머니는 보복하지 않을 수 있을까?

이는 단순히 '반대쪽 뺨도 내미는' 문제가 아니다.

단순히 아기의 활력에서 기쁨을 얻는 문제가 아니다.

물론 부분적으로는 그럴 수 있지만 말이다.

아기의 활력을 포용하는 것이 문제가 아니라 그에 보복하지 않는 것이 결정적으로 중요한 순간이 있다. 그런 순간에 돌보는 이caregiver 나 돌봄을 받는 이caretaker(주고받기give-and-take)는 오래 고통스러워하지 않고 이를 되받아치지 않고 분개하지도 않는다. 모든 것은 그 파괴적 '공격'의 목적을 깨닫는 데 달려있다.

즉 파괴성이 살아있음의 자연스러운 일부라는 사실을 알아야 한다.

살아있음의 파괴적 힘이 즉각적인 인식 행위와 만난다.

이는 어머니가 만성적 상처를 감당해야 한다는 의미가 아니다.

어머니가 상상 속에서 그 상처를 부풀려서, 윤리적이거나 멸절적인 방식으로 반응하지 않아야 한다는 의미이다. 이를 통해 인간은 파괴적 요소 – 이는 관계라는 배경막의 일부이다 – 를 위한 공간을 자신 안에 허용하는 지점까지 성장하게 된다. 이는 혼란스러운 느낌이 존재할 수 있는 여지를 준다는 것을 뜻한다.

만약 우리가 서로를 위한 공간을 만들어낼 수 있다면, 서로를 죽일 필요가 없다. 최소한 살인은 치명적이지 않을 것이다. 우리는 살의로 가득한 느낌을 담을 공간을 허용함으로써 그 효과를 완화시킨다. 자신을 위한 그리고 서로를 위한 공간을 내어줌으로써 살인은 치명성을 잃는다. 그리고 이를 제대로 해낸다면, 정반대의 일이 벌어진다. 살인이 삶을 먹여 살린다. 살인은 흐르는 풍성한 느낌들의 일부로서 복잡성과 미묘한 그림자를 더해준다. 살인은 우리가 성장하는 방식의 일부이다.

이상적인 혹은 최적의 시나리오는 아마 다음과 같을 것이다. 아기는 온힘을 다해서 마구 발길질 한다. 아마도 격노 속에서 완전히 폭발하면서 파열한다. 그리고 엄마는 그러한 아기의 활력을 전적으로 즐긴다. 이는 아기의 고통이 쾌락을 장악하지 않고 엄마가 다치지 않고 엄마의 기쁨이 두려움이나 분노보다 더 클 때 가능할 것이다. 결정적으로 중요한 요소는 아기가 온힘을 다해 폭발하지만 엄마가 무너지지 않는(철수하지 않는, 비난을 퍼붓지 않는, 외면하지 않는 등등) 것이다. 그러면 아기는 자신과 자신의 활력이 존재할 수 있는 공간이 있다고 느낀다. 그리고 타인을 위한 공간도 있다. 자신도 타인도 파괴되지 않는다. 어머니가 살아남는다. 아마도 그 맹렬한 공격을 즐기면서.

'활력은 영원한 기쁨이다.'

자기와 자기의 활력에 대한 긍정으로도 충분할 것이다. 그러나 위니코트는 여기에서 더 나아간다. 어머니가 살아남음으로써 타자성의 감각이 탄생 혹은 재생된다. 내 공격으로 인해 타인의 핵심 자기가 나쁘게 변형되지 않았다. 이는 대략 다음과 같은 식으로 표현할 수 있을 것이다. '나는 내 활력을 과시함으로써 타인을 다치게 하거나 죽이지 않는다. 내 활력은 타인을 비뚤어지게 하거나, 더럽히거나 해치거나 훼손하거나 망쳐놓지 않는다. 타인은 붕괴되거나 자신의 통합성을 잃지 않고 나를 견딜 수 있고 받아들일 수 있고 나로부터 살아남을 수 있다. 내 삶과 힘과 밖으로 드러나는 그 모든 파괴성들은 파괴하지 않는다. 타인은 내 파괴성의 총합 그 이상이다. 타인은 내 기쁨을 받아들일 수 있다.'

나를 받아들일 수 있는 타인이 출현하면 이를 통해 나의 성장을 위해 타인을 사용하는 것이 가능해진다. 만약 타인에게 어떤 영향을 끼치고 있는지 걱정하는 데 많은 시간을 쓸 필요가 없다면, 나는 타인의 나 아닌 요소들을 정신적 성장을 위해 사용할 수 있다. 존재의 중요한 측면들이 이제 시작되고 인가된다.

1. 우리는 서로를 상호적 성장을 위해 사용한다.

2. 우리는 서로의 상호적 사용으로부터 살아남는다.

3. 우리는 서로의 안에서 필요한 것을 무자비하게 가져온다.

4. 우리는 그로부터 이득을 얻는다.

신을 먹는 일은 '우리가 서로에게 무엇을 해야 하는가'라는 문제에 대한 좋은 본보기이다.

기쁨과 상호적 감사는 음식만큼 자연스럽고 필수적인 것이 된다.

어쩌면 지나치게 유토피아적인 관점인지도 모르겠다.

프로이트의 생명 충동과 죽음 충동에 대해서 부분적으로 다시 사고하면서 위니코트는 죽음 충동을 일차적 충동의 자리에서 탈락시키고 살아있음의 능동적 활력의 일부로, 에로스에게 전율과 생기를 주는 것의 일부로 만들었다. 죽음 충동이 없다면 정신과 신체적 삶은 축 늘어지고 무덤덤해진다.

걱정스러운 혹은 현실적인 논점 : 만약 아기의 파괴적 힘이 긍정된다면, 그 때문에 아기가 현실감각을 잃어 원하는 것은 뭐든 해도 된다고, 모든 것을 없애버려도 된다고 느끼지는 않을까? 자신을 위해서라면 아무나 짓밟아도 된다고 느끼게 되지는 않을까? 오직 자신의 활력만이 중요하고 타인은 자신을 위해 존재한다고 느끼지는 않을까? 그로 인해 아기가 그 부정적 의미에서 '사용자'가 되어버리지는 않을까? 그러니까, 오로지 사람을 이용만 하게 되지는 않을까?

이는 천박할 뿐더러 아기를 학대하는 일이 아닐까? 아기가 평생 아기가 되어버리는 것은 아닐까?

위니코트는 엄마가 아기의 욕구에 맞춰주는 것이 도움이 되는 시기가 있다고 생각했다. 더 잘 맞춰주고 덜 맞춰주는 것 사이에서 어떤 자연스러운 리듬이 생겨난다. 엄마가 아기에게 더 잘 조율되는 때가 있을 것이고, 엄마 자신에게 더 집중할 때도 있을 것이다. 그 양쪽 방향으로 자연스러운 불균형이 생겨난다.

그 순간이 영원히 지속될지도 모른다는 두려움 때문에 아기에게 잘 맞춰주어야 하는 순간까지 박탈한다는 것은 무시무시한 일이다. 그러한 순간을 영혼 속에 지니고 있는 것은 좋은 일이며, 그것이 영원히 지속되는 것도 좋은 일이다. 이는 자신이 맞춰줄 만한 가치가 있는 사람이며, 자신의 삶이 다른 사람을 성가시게 할 만한 가치가 있다는 믿음을 준다.

위니코트는 또한 착각과 각성의 상호작용을 묘사했다. 예를 들어, 자신이 우주의 중심이라는 착각은 그렇지 않다는 발견을 통해 이를 교정하는 리듬을 가동시킨다. 그리고 그 양쪽 극은 모두 삶을 풍성하게 만든다. 자신이 우주의 중심이라는(중심이 아니라는) 감각은 삶에 좋은 연료를 공급하는 것이다.

한 구루의 이야기가 떠오른다. 그는 제자에게 "나는 신이다, 나는 신이다"라고 계속 생각하라고 했다. 수년 후 구루는 제자가 붕대를 감고 절름거리는 것을 보았다. "무슨 일이 일어난 건가? 뭐가 잘못되었나?" 제자가 대답했다. "코끼리를 탄 남자가 길을 비켜주지 않는 거예요. 저는 '나는 신이다, 나는 신이다' 라고 계속 생각했지요. 그런데 그 사람이 저를 밟고 지나가 버렸어요." "바보야" 현자가 말했다. "그도 역시 신이란다."

자기의 신성함에 대한 감각 속에는 모든 자기가 담겨 있다.

우리가 아기에게 거의 완전하게 맞춰줄 수 있는 이유는 부분적으로 아기가 성인의 육체를 지니고 있지 않기 때문이다. 아기는 어른처럼 다른 사람을 해칠 만큼 크지 못하다.

이는 꿈생활dreamlife에 대한 프로이트의 묘사와 닮은 구석이 있다. 꿈에서 우리는 폭력적이거나 성적인 사건과 마주칠 수 있다. 그래도 안전하기 때문이다. 우리 몸뚱아리는 침대 속에 안전하게 누워 있다.

우리가 완전히 자란 아기이거나 깨어있는 동안 꿈 처리 과정에 지배당한다면, 이 세계는 지금보다 더 골치 아파질 것이다.

우리가 조금만 자란 아기이며 꿈작업에 부분적으로만(그렇지만 우리가 상상하는 것보다 더) 지배당하고 있다는 사실은 우리의 고난과 기쁨들 중 일부를 부분적으로 설명해준다.

아기가 되고 꿈꾸는 자가 되는 것이 문제를 일으킨다고 생각하는 것은 잘못이다. 그러나 유아적 과정과 꿈꾸기(악몽)가 문제들을 확대하고 부풀리고 악화시키지 않는다는 생각도 틀렸다. 우리는 결코 유아기와 꿈으로부터 벗어날 수 없을 것이나, 그렇게 되는 것이 바랄 만한 일은 아니다. 우리의 목표는 우리의 다양한 자기들selves과 더 나은 동반자가 되는 것이며 살아있는 한 정신사회적이고 정신영성적인 조산술助産術을 배워가는 것이다.

위니코트의 관점은 우리에게 어떤 진실을 보여주며 하나의 도전을 제기한다. 사실 우리는 일생 동안 서로에게 적응할 수 있고 그렇게 서로 맞춰주며 산다. 그리고 다른 어느 때보다도 더 전체적이고 통합적으로 상대에게 맞춰줘야 하는 시기가 존재한다. 우리는 서로 그렇게 한다. 그리고 그렇게 하기를 기대한다. 누구는 이를 공감이나 이해 혹은 돌봄이나 사랑이라고 부르고 누구는 연민이라고 부른다. 우리는 그것이 무엇이든 자신이 가지고 있는 지혜로 상대를 살찌운다. 충분하고 철저하게 마음을 열고 살아간다면, 운이 좋다면, 지혜가 돋아날 것이다.

어머니가 아기의 넘치는 활력에 맞추어주는 일은 우리가 일생 동안 자신에게, 그리고 서로에게 하는 일이기도 하다. 그렇게 하는 법을 우리는 항상 배우고 있다. 그리고 이는 상호 이해를 위한 기반이 된다.

이러한 심오한 주고받음을 맛본 사람은 이에 만족하지 못한다. 서로를 녹초가 될 때까지 두들기는 일이 줄어든다. 이는 더 이상 주체를 몰아붙이는 관심거리 혹은 충동이 아니다. 지배하고 권력을 행사하고자 하는 충동은 자신을 열고 그 열림을 유지하고자 하는 좀 더 신비하고 매혹적인 욕구의 일부가 된다. 이러한 신비하고 매혹적인 욕구는 다른 모든 충동들 중 우리를 가장 만족시켜 준다고 나는 믿는다. 자신 그리고 타인과 함께하기, 삶을 살찌우고 풍성케 하는 방식으로. 결코 사라지지 않는 우리의 파괴성과 살인 충동이 좀 더 커다란 혼합물의 일부가 된다. 존재의 모든 중심을 담고 있는 황홀한 에너지의 지류가 된다.

신은 모든 곳에 중심이 존재하는 원이며, 그 원주는 무한하다는 중세 격언은 모든 유정有情한 존재에게, 의식에게, 소중한 생명체에게 있어 진실이다.

'왜냐하면 살아있는 모든 것은 신성하기 때문이다.'

어쩌면 지나치게 유토피아적 관점인지도 모른다. 그러나 일단 그 느낌을 맛보기 시작하면 이보다 생생한 것은 아무것도 없다.

블레이크 소향연小饗宴.

'모든 것에서 무한을 보는 자는 신을 본다. 모든 것에서 비례만을 보는 자는 그 자신밖에 보지 못한다.'

'넘침이야말로 아름다움이다'

'인간의 육체는 영혼과 구분되지 않는다. 왜냐하면 육체라고 불리는 것은 오감으로 분별되는 영혼의 일부이기 때문이다.

그리고, 이 시대에 오감은 영혼이 들어오는 주된 입구이다.'

'에너지는 유일한 생명이며 육체에서 유래한다. 이성은 이 에너지의 한계 혹은 둘레이다.'

'에너지는 영원한 기쁨이다.'

'지나친 슬픔이 웃는다. 지나친 기쁨이 흐느낀다.'

'기쁨은 잉태한다. 슬픔은 출산한다.'

'내 감각은 모든 것 속에서 무한을 발견했다.'

'만약 지각의 문을 깨끗하게 닦아낸다면, 모든 것이 있는 그대로 인간에게 드러날 것이다. 바로 무한으로.'

'살아있는 모든 것은 신성하기 때문이다.'

만약 블레이크가 히로시마의 녹아내리는 육체와 기괴한 형상들을, 홀로코스트의 바싹 야윈 생존자들을, 지금 전 지구를 조롱하는 인종적 폭력과 테러들을 보았다고 하더라도 위의 마지막 문장을 쓸 수 있었을까?

그의 메시지가 더 강렬해졌을지도 모른다.

그는 아마 죽어 녹아버린 살肉과 이상한 형체의 몸뚱아리들을, 무기가 주는 공포를 묘사했을 것이다. 그리고 그와 똑같은 분노로 어린아이들의 새까맣게 타버린 허파와 종교적이거나 정치적인 편협한 분노(그 안에서 영혼과 육체는 같이 살해된다)에 대해서 썼을 것이다.

그는 비전의 위축에 대항해서 투쟁했다. 세계에 대한 다양한 관점들을 억압하는 것은 죽음과 고문을 살찌운다. 비전의 팽창 대 파괴의 팽창. 유용한 지식은 이 둘 모두에서 나올 수 있다.

전쟁은 영토에 개입한다. 내 땅 대 네 땅. 이웃이 적이다. 이 때 중요한 단어가 '정신spirit'이다. 정신을 바꾸지 않고서 단순히 물리적 경계만을 정리하는 것은 아마 불가능할 것이다. 영토가 줄어드는 것을 견디기 위해서는 관점의 도약이 요구된다. 국경을 확정하기 위해서는 땅이 작아졌다는 사실을 포용할 수 있는 더 넓은 정신이 반드시 필요하다.

물론, 사탕과 당근이 이때 나름의 역할을 한다. 반드시 양편 모두 얻는 게 있어야 한다. 서로의 이익(모두가 동의하는)에 도움이 되어야 하는 것이다. 영토가 줄어드는 것을 받아들이는 일이 그럴만한 가치가 있다고 느껴야 한다. 어떤 면에서든 확장(경제적으로, 자기가치감에 있어서, 이외 다양한 기회의)이 있어야 한다. 그러나 다른 유형의 변화 역시 필요하다. 즉, 블레이크가 비전, 상상, 시적 천재라고 불렀던 영역 역시 바뀌어야 한다. 물리적 경계뿐 아니라 정신적 경계의 변화가 말문이 막힐 정도로 놀라운 방식으로 서로를 살찌우고 서로를 끌어당긴다.

응축된 고통, 황홀, 증오, 지배, 굴종, 돌봄, 섹스, 허기, 공포, 걱정, 비탄, 광기 그리고 진실을 향한 충동과 같은 감정적 매듭 혹은 중핵으로 우리는 무엇을 하는가?

이들 모두는 융합되어 농밀한 중심, 응고된 공, 주먹이 된다. 이 매듭은 좋은 순간이 주는 자유에게 방사능을 내뿜을 수도, 악성일 수도, 악마 같을 수도, 갈망을 불러일으킬 수도, 고통을 줄 수도 있다. 좋은 순간들을 부패한 것들로 채우지 않기를 바라는 희망을 분쇄하려 하면서 말이다.

호랑이나 사자를 볼 때면 거의 항상 그 몸뚱이에서 어떤 백열하는 빛이 뿜어져 나오는 것을 느낀다. 고래에게서도 같은 빛을 본 적이 있다. 이는 일종의 육체적 천복인가? 육체보다 더 심오한 천복이 몸을 관통하여 백열하는가?

우리는 동물 속에서 지배하고 협동하는 복잡한 체계를 본다. 지배 위계는 일종의 협동 방식이 될 수 있다. 그러나 또한 그냥 그렇게 존재하는 수많은 순간들도 있다. 몸 손질하기. 놀고 있는 새끼들. 빛 속의, 광휘 속의 어미와 새끼. 살아있음을 느끼는 살아있음.

살아있음이 백열하며 빛을 뿜는다.

우리는 경쟁과 협동의 복잡한 상호작용에 대해서 이야기한다. 격노-사랑, 천국-지옥, 가혹-연민, ... 이 모든 이중나선들. 우리의 개념적 도구는 사실 참으로 빈약하다. 우리는 현실을 둘로 쪼갠다. 어느 정도까지는 효과가 있다. 그러나 이것이 현실을 얼마나 불모로 만드는지! 그러나 우리는 우리의 도구로, 우리 방식으로 작업해야 한다.

때로 우리는 이 백열하는 빛을 제대로 대접해 주고자 한다. 후광에 대해서, 에너지 장이나 신, 공허나 천사, 사랑의 원환에 대해서 이야기한다. 시를, 신비주의적 언어를, 심연으로부터의 분출을, 느낌의 솟아남을, 지각적 경이를 발견한다. 우리는 이 빛에 경의를 표하고 이를 탐험하고 시험하고 그와 관계맺는 법을 배우고, 함께 작업하려 시도한다. 이 빛은 돈보다 더 리얼하다.

잔혹성이 백열할 수 있는가? 유독성도 백열할 수 있는가?

블레이크의 이글이글 불타는 호랑이, 호랑이의 무서운 균형. '어린 양을 만든 그 분이 너를 만들었는가?'[51)]

호랑이가 빛나고 양이 빛난다. 잔인한 광휘, 기쁨의 광휘.

우리는 빛나는 것에 매혹된다.

우리는 빛을 바라보는 것을 좋아한다.

아인슈타인 : "우리가 겪을 수 있는 가장 아름다운 체험은 신비다. 신비는 참 예술과 과학의 요람에 있는 근본 감정이다."

잔인함이 존재한다는 사실이 아름다움을 소멸시키지 못한다. 때로 잔인성은 아름다움을 더 강렬하게 만들고 훨씬 더 중요하게 만든다.

키츠 : "아름다운 것은 영원한 기쁨이다."

아인슈타인과 키츠는 외롭지 않다. 우리가 서로를 다치게 한다는 사실이 기쁨을 소멸시키는가?

때때로 그렇다.

아름다움과 신비가 지닌 악한 측면은 무엇인가? 황홀이 지닌 악한 면은 무엇인가?

역주 51) 이 문장들은 모두 윌리엄 블레이크의 시 <호랑이The Tiger>의 일부이다.

대부분 시간 동안 우리는 악이 무엇인지 알지 못한다. 천복이 악을 둘러싸고 이를 떠받치고 있다. 그것이 무엇이든 간에 악은 다른 모든 것들과 같은 반죽 속에서 자라나오고 번성한다. 우리는 반죽 속에서 산다. 때로 악이 너무 심해지면 우리는 말한다. "저것이 악이야" 이 정도가 되면 악의 침범을 무시하는 것은 거의 불가능하며 이를 다른 이름으로 부를 수도 없다. 때로 극단적인 일이 벌어진다. 파괴가 역치를 넘는다. 대부분 시간 동안 우리는 반죽의 일부인 악과 함께 살며 이를 최대한 활용한다.

악이 사라진다면 우리도 사라질까?

백열하는 빛이 많은 죄를 덮는다.

현실이 가격할 때 환영 속의 빛은 타격을 입는다. 환영은 현실을 고양시킨다. 현실이 환영을 견딜 수만 있다면 말이다. 환영의 빛은 현실을 희뿌옇게 만든다. 호랑이의 빛은 많은 양들의 빛을 흡수해버릴 수도 있다.

신비 속에 잠깐 발을 담그는 것만으로도 많은 일이 일어난다.

약간의 과학, 약간의 예술, 약간의 신화와 신비주의적 경외가 우리를 계속 나아가게 만든다. 먹고산다는 것은 부분적으로는 이를 위해 정글을 청소하는 것이기도 하다. 질서를 뒤엎는다면 영혼이 죽는다. 인류가 소멸하기 전에 영혼 살해가 얼마나 많이 일어날 수 있는가 하는 문제는 지금 우리 시대가 하고 있는 실험 중 하나이다. 성서는 경제 문제가 지나치게 비대해지는 것에 대해 경고한다.

'빵만으로 살지 말아라. 문자는 사람을 죽이고 영은 사람을 살린다.'[52] 돈이 우리를 삼키는 블랙홀이 될까? 경외를 섬기는 돈 아니면 돈을 섬기는 경외? 경박한 탭댄스를 추는, 돈에 대한 경외 속에서 신비주의가 뿌리내리는 것일까?

진실을 시험하고 비교하자.

'권력은 최고의 최음제다.'[53]

'우리가 겪을 수 있는 가장 아름다운 체험은 신비다.'

우리를 정의하는 것은 최고의 순간이 아니라 최악의 순간들이다.

우리를 정의하는 것은 최악의 순간이 아니라 최고의 순간들이다.

성서 전체가 한 사람, 즉 당신 혹은 나의 이야기라고 상상해보

역주 52) 고린도후서 3:6

역주 53) 헨리 키신저가 한 말로 알려져 있다.

는 것은 때로 도움이 된다. 마치 영화 <사랑의 블랙홀Groundhog day>에서처럼(물론 성서는 무한하게 더 많은 것을 이야기한다). <사랑의 블랙홀>에서 기상 통보관인 주인공은 제대로 살 때까지 같은 날을 반복해서 살게 된다. 성서는 이 영화와 비슷한 구석이 있다. 물론 훨씬 더 복잡하지만 말이다.

성서 전체가 영혼의 미소微小, 그것이 한 순간의 확대이자 축소라고, 그 영혼의 구조를 섬광처럼 일별하는 것이라고 상상해보자. 영혼의 한 순간이 늘어나 이야기가 된다.

신의 목소리, 우리의 다양한 목소리, 사랑, 증오, 성적 정복과 사회적 정복, 야망, 권력, 정의, 자비, 멸절, 파국, 신뢰, 돌봄, 충성, 박탈, 경외, 죄책감, 두려움, 공포, 분노, 격노, 불행, 상실, 예언과 꿈들, 현실주의, 인력과 척력, 미덕과 단점들, 강인함과 나약함, 선호, 기적, 배교背教. 우리가 누구이고 삶이란 무엇이며, 신은 무엇을 원하고 또 우리는 무엇을 원하며 가능하고 가능하지 않은 것은 무엇이고, 어떤 일이 일어나고 어떤 일이 일어나지 못하는지에 대한 이해를 둘러싸고 일어나는 하나의 드라마. 어떤 문이, 다른 기회가 열려 있다.

새로운 출발은 항상 무언가로 오염되는가? 유월절 예식에서 엘리야를 위해 문을 여는 것과 연관된 하가다[54]의 말을 읊을 수 있

역주 54) 유월절 예식에 사용되는 전례서

는 사람은 많지 않다. 하가다는 적들을 저주한다. 다수의 사람은 차치하고서라도, 한 사람이라도 진심을 다해 저주하기 위해 쓰라린 괴로움의 힘을 바닥까지 긁어낼 수 있는 사람은 많지 않다. 그래서 우리는 하가다가 사악한 의도에 대해 말하고 있다고 이해한다. 엘리야의 영혼이 우리 모두 안에 있는 악에 재갈을 물리고 그 악을 승화시키고 새 모습을 갖추게 해주기를 희망한다. 조각내기보다는 하나로 합치려는 성향.

블레이크는 다윗의 시편으로 같은 일을 했다. 신이 쓸어가 주시길 기도했던 다윗의 적은 바로 자기의 파괴적 힘이며, 이는 적절하게도 복수複數로 표현된다. 블레이크는 성서를 시적 천재, 비전, 상상력의 표현으로 보았다. 성서에 묘사된 모든 행동 및 인물들은 영혼의 어떤 성향 혹은 움직임의 상징이 되며, 우리의 동기 및 성향의 묘사이고 자기, 영혼, 정신이 뒤엉키는 흐름의 놀라운 작용이다. 우리를 이루는 모든 것.

성서는 서로 경쟁하는 성향들 – 하나같이 실제적인 – 을 모두 담아낸다. 냉혹과 호의의 소름 끼치고 고귀하며 신비스러운 상호작용을, 부족 간 전투와 개인 간 다툼을, 서로 간의 그리고 닿을 수 없는 것과의 투쟁을. 끝나지 않는 이야기 그 자체. 인간 본성과 당면 문제에 대해서 유엔이나 국회 혹은 동네 시장에서보다 오히려 성서 속 페이지에서 더 많은 것을 배울 수 있는 것은 아닐까 두렵다. 우리는 일상 속에서 이것저것을 짜깁기해서 순간적 해결책을 발견할 수 있을지는 모른다. 그러나 성경이 그 문제를 어떻게 다루었는지 확인해 보지 않는다면, 그 해결책은 후회를 불러일으킬 것이다.

오래된 메시지 : 만약 정의와 자비가 자리잡지 못한다면 우리 삶은 파괴적이 될 것이다. 그러나 우리 안에는 이것이 일어날 법한 일이며 현실적인 문제이고 또한 옳은 이야기라는 것을 깨닫지 못하도록 방해하는 많은 힘들이 있다. 성서는 이 문제를 해결하지 않는다. 이에 대해서 기록만 할 뿐이다. 성서는 이 문제를 어느 정도 미결로 남겨둔다.

많은 시간 동안 우리 안에서는 온갖 종류의 유랑, 대량학살, 대홍수, 절멸이 일어나 구원의 순간, 절정, 분투, 열망, 상실이 있고 재편성 또한 이루어진다. 이는 우리의 느낌, 존재 상태, 성향이고, '신생新生의neonic' 행동이다. 모든 것을 멸절시키는 분노가 돌연 출현하면서 하루 온종일 미묘하게, 때로는 분명하게 작용한다. 흘러넘치는 사랑의 분출 역시 마찬가지이다. 실용적 기술이 모든 종류의 동기와 노력, 선과 악을 키운다.

프로이트는 숫자(그리고 꿈에 나오는 많은 것들)를 감정적 강도와 연관시켰다. 더 큰 수 = 더 강렬함. 나는 성서의 목소리만큼 감정적으로 강렬한 예술 작품 모음, 혹은 작품 콜렉션에 대해서 알지 못한다. 다음으로는 셰익스피어다.

물론 우리에게 지금 성서적 현실 이상이, 혹은 그와는 다른 것이 필요하다는 사실을 의심하는 것은 아니다. 그러나 성서적 현실이하가 되어서는 안 된다. 만약 우리가 성서가 다루는 것을 대면하고 이를 우리 안으로 받아들이는 데 실패한다면, 시대의 요구에 대처하기 위해 필요한 정신적, 사회적, 문화적, 영적 근육과 유연성을 찾지 못할 것이다.

번영한다는 것, 성공한다는 것은 진정 무엇을 의미하는가?

인간이 된다는 것은 무엇을 의미하는가?

내 선입관, 편견, 관점, 확신, 증언, 나의 현실. 황홀의 광활한 바다 혹은 대기를 그려보자. 이는 우리의 살갗을 씻기고 영혼을 적신다. 우리의 영은 이를 숨쉰다. 이는 우리의 몸으로 스며들어 꽉 채운다. 어느 순간 이는 우리 육체가 된다. 어느 순간 육체를 낚아채어 이를 용해하고, 부풀고, 흘러넘치고, 떠오른다. 우리는 이를 억누를 수 없다.

자신이 어디에 있는지 알지 못하는 영적 순간들이 있다. 자신이 누구인지조차 중요치 않다. 너무도 멋진 은총의 순간. 우리는 이러한 순간에 감사한다. 삶에서 이 순간은 어떤 기준점이 된다. 자유의 감각.

언제 어디에서든 일어날 수 있다. 새벽에, 잠자리에 들 때, 연인과 함께 있을 때, 시골에 홀로 있을 때, 십자로에서, 지하철 안에서, 치료 회기 후에, 플라톤이나 제임스 조이스를 읽다가, 아이와 카약을 타다가, 굶어 죽어가고 있을 때.

이 일이 일어날 때 보통 우리는 무해하다. 그것이 좋은 점 중 하나다. 얼마 동안, 어떤 해도 끼치지 않고 좋은 기분을 느낀다. 얼마 동안, 그 누구도 희생하지 않고 황홀을 느낄 수 있다.

우리의 황홀 속엔 타인이 있을 수도 있고 없을 수도 있다. 타인이 없을 때 문제가 발생한다. 분명 이 때 우리는 어디에도 속하지 않는 상태에서 타인의 자리와도 접촉하지 못할 것이기 때문이다. 타인이 실제로 어디에 있는지 알지 못하며 타인이 우리의 몰이해에 발끈할 때 상처를 입을 것이기 때문이다.

이런 저런 형태로, 더 좋게 혹은 더 나쁘게, 고통의 바다가 있고 황홀의 바다가 있다. 고통의 대기. 편재하는, 때로는 한 곳으로 모이는 고통.

서로 떨어져 있는, 번갈아 출현하는 두 세계를 그려보자. 때로는 추처럼 왕복하면서, 뒤집어지는 세계.

이 두 세계가 겹쳐 있어 우리가 그 속에서 살 수 있다고, 두 세계의 대기를 동시에 숨쉴 수 있다고 상상해보라. 이는 눈은 두 개인데 보이는 것은 하나인 것과 비슷하다. 이 겹침은 때로는 어느 정도 보이지만, 때로는 상대적으로 이음매 없이 매끈하게 연결되어 있다.

이 두 세계를 혼합기에 넣고 함께 휘젓는다고 상상해보라. 새로운 맛이, 새로운 술이 만들어진다. 그러나 원래 요소들의 흔적 혹은 자국은 남아 있다.

가능한 모든 방식으로 융합되었다가 다시 분리되는 황홀과 고통의 바다. 더 나은 황홀과 더 나쁜 황홀이 있고 더 나은 고통과 더 나쁜 고통이 있다. 병적 황홀. 건강한 고통. 좋은 고통은 나쁜 황홀보다 낫다. 좋은 혹은 나쁜 황홀-고통이 수많은 비율로 뒤섞일 수 있고 또 분리될 수 있다.

때로는 행복한-끔찍한 상태가 자유로이 부유하면서, 내려앉을 정신사회적 공간을 앞다투어 찾고 있는 것 같다. 황홀이 자유롭게 부유하면서 스며들 사건을 찾는다. 자유롭게 부유하는 공포와 고통도 그렇다. 황홀과 공포의 조합은 등골이 오싹할 수도 있고 고상할 수도 있다. 황홀-공포의 전율이 소위 긍정적 혹은 부정적 상태 혹은 사태의 모든 조합 속으로 스며들 수 있다. 우리는 가능한 모든 조합을 맛보려는 도착적 욕구를 가지고 있는 것 같다. 그리고 나서 고르려는 것이다. 이는 호기심과 경탄의 일부이다. 그리고 심한 손상을 입지 않고 이를 다 맛볼 수 있다면 운이 좋은 것이다.

명예롭게도 우리는 이러한 일련의 상상적 모험을 위한 안전한 수단을 찾는다. 연극, 쇼, 종교적 경험, 예술과 같은 것들을. 그러나 우리는 진공 속에 사는 것이 아니다. 우리는 몰두하고 있는 정서적 이미지 속에서 사건의 형태를 만들어낸다. 현실의 한 부분에서 우리는 성인聖人이고 다른 부분에서는 조각난 육체이며 또 다른 곳에서는 하나의 영화나 책 혹은 율법이다. 버려진 것들을 긁어모은 잡동사니이며 삶을 온전하게 만들어주는 신비주의적 순간이고 경험을 낭비한 후에 다시 조직하는 우울한 투쟁이며 할 일을 주는 일이다.

죽은 것 같거나 무감각한 시간들. 아무 일도 일어나지 않는다. 지루함 혹은 안절부절함. 신경과민의 공허.

일상, 평범한 나, 이것저것 기웃거리며 마음 놓고 아이처럼 놀면서 진지하게 몰두하면서 여기저기를 탐색하면서 기다린다. 예기치 못하게 어떤 일이 일어나고 흥미로운 그 일 속으로 휩쓸려 들어간다.

전혀 예상치 못했을 때, 아무런 방어도 하고 있지 않을 때, 행복한 은총의 순간이 일어난다. 이 순간들은 우리를 깜짝 놀래키면서 마치 사랑처럼 공중으로 떠오르게 한다. 그 누구도 거기 있을 필요가 없다. 그냥 일어나는 일이다. 그냥 생생하게 살아있기 때문에 일어나는 일이다. 무장을 해제시키는 살아있음. 살아있음이 할 수 있는 일에 우리는 놀란다.

그러한 행복한 순간은 아이를 구타하거나 술집에서 낚은 어쩌면 연인이 되었을지도 모르는 여인의 사지를 찢거나 주식시장을 붕괴시키는 것보다 훨씬 낫다고 나는 절대적으로 확신한다. 물론 이러한 일들 속에도 어떤 황홀한 흐름이 관통해 흐르고 있다는 것을 솔직히 인정한다. 나는 아름답고 끔찍한 황홀과 아름답고 끔찍한 고통의 존재(이들은 경험의 다양한 영역들을 연결시키는 감정적 뇌량corpus callosum의 명령을 따른다)를 인정한다. 이들은 서로 뒤엉키면서 종종 뇌에서 유용한 회로를 연결시키지만, 말문이 막힐 정도로 광기에 차 있다.

나는 우리가 아무것도 하지 않고 또 해야 하는 일이 아무것도 없는 그 행복한 순간의 아름다움과 가치를 인정한다. 또한 행위가 놀이의 일부일 때, 손가락 하나 들어 올리지 않고도 계속 무엇인가 경험하고 경험하여, 마침내 맴돌며 사라지기 시작할 때의 아름다움과 가치를 인정한다.

참으로 미친 세상이다. 주식이 오를 때 친구는 돈을 벌었는데 자신은 못벌었다는 이유로 사람들은 자살을 한다. 살아있음의 황홀은 서로 부를 비교하는 일로 과도하게 왜곡되어 버린 이 삶을 지탱하는 데 충분치 못하다. 살아있다는 황홀은 경제적으로 실패한 자에게는 거의 위로가 되지 못한다.

그러나 나는 살아있다는 황홀이 우리 존재의 중핵이라는 사실을, 그리고 어떤 식으로든 이 황홀의 조각을 떼어먹을 수 있을 때 우리가 가장 잘 살 수 있다는 사실 역시 받아들인다. 우리는 이 황홀을 타인과 나눌 수 있도록 노력해야 한다. 타인이 반향할 수 있는 그런 황홀로 만들어야 하고 삶을 더 낫게 만들도록 노력해야 한다. 그것이 삶을 편하게 만들어주는 발명이든, 새로운 약이나 치료법이든, 진정으로 창조적인 법적 절차 혹은 개념이든, 한 권의 책이든, 한 번의 미소든, 한 마디의 좋은 말이나 접촉이든, 아니면 하루를 밝혀주는 통찰력 있는 언급이든.

아버지는 법과 사업의 얄팍한 허울이 당신을 힘들게 할 때면, 국경에서 철도 출입문을 관리하는 남자를 보러 가셨다. 그 남자의 얼굴은 아버지의 깊은 중핵을 찔렀다. 아버지는 그 남자의 비바람에 단련된 얼굴이 담백하고 자유롭다고 느끼셨다. 그 얼굴이 자연의 리듬과 속도, 그리고 지혜와 같은 것을 드러내고 있다고 생각했다. 아버지는 이 남자가 자기 자신이라고, 진짜 자신, 되고자 했던 자신이자 핵심 자기라고 느끼셨다. 아버지가 본 것이 천사였든, 아니면 아버지 자신의 투사이자, 이상화였든, 아버지는 그 순간을 통해 다시 변형되었고 새로이 되찾은 헌신적 열정으로 다시 법을 다루는 일로 돌아올 수 있었다. 우리는 이 남자가 비열하고 잔인했는지, 아이를 때리곤 했던 건 아닌지 알지 못한다. 그가 사실은 변장한 엘리야였는지, 아니면 그냥 착하기도 하고 비열한 구석도 있는 그런 평범한 남자였는지도. 그러나 그는 무엇인가를 해방시키는 역할을 했다. 일종의 즉각적인 정신영적 척추교정술을 시행한 것이다. 영혼을 다시 자리 잡게 하기. 황홀의 바다 속에서 서로의 관계를 다시 만들어내기. 우리가 서로에게 닿는 가슴 속 그 멋진 장소에 황홀의 바다를 스며들게 하기. 우리는 매일매일 서로에게 이러한 일을 다양한 방식으로 하고 있다. 그리고 이는 인생을 가장 가치 있게 만드는 것의 일부이다.

그렇다면 창조적 공포는 어떤가? 우리가 오이디푸스에 매혹되는 이유는 그가 자신의 의식을 따르는 여행의 끝에 마침내 스스로에 대해 소름끼치게 놀랄 것이라는 사실을 알고 있기 때문이다. 종종 비극은 끔찍한 인식의 순간을 보여준다. 어떻게 내가 이런 일을 저질렀을까, 어떻게 내가, 내 존재의 일부가 왜, 내 현실이 어떻게, 삶이 어떻게 이렇게 흘러올 수 있지? 어떻게 이럴 수 있지? 비극은 끔찍한 자기인식의 순간을 향해 움직여간다. 주체는 자신이 가능하다고 생각지 못했던, 가능할 리가 없다고 믿었던 현실을 인식한다. 비극은 우리가 세상에 없었으면 하는 일로 우리를 끈덕지게 책망한다. 우리는 그 사건이 비추는 거울 속에서 자신을 보고 숨이 막힌다.

우리에게는 일이 잘 풀려갈 거라는 느낌이 있다. 우리는 살해당하지도 않을 것이고 전투에서 불구가 되지도 않을 것이다. 나름 고상한 삶을 살 것이다. 출세한다면 세상을 잘 다스릴 것이다. 사람들이 우리 책을 읽을 것이고, 손을 잡고 환영해줄 것이다. 우리는 연구하여 더 나아질 것이고, 좋은 품성을 갖추고 사람들의 감사를 받을 것이다. 비극 속에서 이와 같은 동화 같은 결말은 먼지에 묻힌다. 세상과 우리 자신과 삶에 대해 마침내 밝혀진 사실은 견딜 수 없이 소름끼치는 것이다. 마침내 드러난 것에는 심오한 진실이 담겨 있다.

이러한 끔찍한 자기인식은 나 자신보다 더 넓은 참조틀이, 내가 했거나 할 수도 있는 일을 넘어서는 기준점이 생겨났음을 의미한다. 심지어 자살에서도 우리는 더 넓은 지평선을 일별한다(그것이 다시 좁아지기 전에). 끔찍한 자기인식은 가능하리라 생각하지 못했던 선의 손상을 함축한다. 비극적 공포를 격렬하게 만드는 것이 바로 이 근본적 선에 대한 감각이다. 삶이 이런 식이어서는 안 된다는 감각이 새로운 수준에 도달한다. 이는 '삶이란 게 원래 불공평하지 뭐'라는 식의 냉소적이고 감상적인 수준을 뛰어넘는다. 순진무구함을 넘어선 영역에 도달하지만 그렇다고 순수함을 완전히 떨쳐버리지도 않는다. 비극은 우리가 어디에 있고 어떤 수준에 도달하건 항상 새로운 가능성과 마주칠 수 있다는 것을 가르쳐준다. 광포한 계시의 뚫을 듯한 시선이 우리를 순식간에 덮치는 것이다. 비극은 선의 흠결에 대해서 가르쳐준다. 그러나 이 흠결이 중요한 이유는 선이 정말로 우리 삶 속에 존재하기 때문이다. 진정한 영감이자 심오한 가치로서 말이다.

비극은 우리를 배제된 것들과 연결시키고 자기의 뼈를 제자리에 맞추어준다. 비극은 먹고 살기 위해 필요한 자기의 표면을 뚫고 들어가 하루하루 근근이 살아가느라 간과했던 관점과 구조를 보여준다. 하루 종일 비극적 진실만을 응시한다면 일상을 살아가는 것은 쉽지 않을 것이다. 그래서 우리가 삶을 사는 동안 비극 문학이 그 역할을 대신한다. 기묘하게도, 무대 위에서 폭로된 진실은 우리 삶을 이루는 골격 사이에서 무엇이 목소리 낮추어 속삭이고 있는지를 교묘하고도 정확하게 예언한다. 그리하여 피하기 위해서라면 어떤 짓이라도 했을 그런 악몽처럼 끔찍한 사건 속으로 우리를 때로 데려간다.

'지금 아는 것을 그 때도 알았더라면'이라는 말은 사실 맥을 잘못 짚은 것이다. 지금은 또 다른 그 때일 뿐이라서 이 과정은 끝없이 계속된다. 속죄의 감각, 자신과의 화해는 긍정적이다. 이는 비로소 어떤 사람인지 알게 된 자기 자신과 잘 지내는 데 도움이 된다. 그러나 이러한 얼마 안 되는 화해는 항상 너무도 때이른 것이라서 다시 뛰기 전 잠깐의 휴식일 뿐이다. 얼마 지나지 않아 지각판이 움직이기 시작하고 우리는 벌벌 떨면서 상상할 수 없는 구멍으로, 결코 그렇게 되지 않았으면 하고 기도하던 상태로 빠져든다.

우리를 삼키는 이곳에서 할 수 있는 일은 아무것도 없다. 단지 지금 일어나는 사태를 헤쳐 나가려고 노력할 뿐이다. 이는 침대에 숨어 이불을 머리 끝까지 뒤집어 쓰고 상황이 끝나기만을 기다리는 것과 다르지 않다. 우리가 할 수 있는 최선은 날씨가 변하기를 희망하며 견디는 것이다.

모든 두려움이 우리를 즉각적 자기 인식으로 이끄는 것은 아니다. 어쩌면 영원히 이르지 못할 수도 있다. 프로이트는 죽음 충동의 일부는 엔트로피의 산물처럼 상실된다고 썼다. 에너지의 일부가 변형되지 않고 사라져 버리는 것이다. 군인은 결코 자신이 본 죽음에서 완전히 빠져나오지 못할지도 모른다. 그는 부분적으로 죽은 채 살아갈 것이다. 홀로코스트는 역사와 자기 안에 하나의 구멍, 혹은 분화구를 만들었다. 만약 현시대에 비극이 어울리지 않는다면, 이는 우리가 이로부터 더 이상 아무것도 배울 수 없기 때문이다. 우리 시대에는 아마도 코미디 혹은 무언의 폭력이 어울릴 것이다. 왜냐하면 우리가 비극의 배후에 있는 것을 따라가면서 이해하기를 포기하였기 때문이다. 공포는 우리를 마비시킨다. 정신영적 신진대사가 꽉 막혀버린다.

그럼에도 불구하고 비극 작품은 우리에게 많은 것을 가르쳐준다. 그리고 비극이 해야 할 일이 많다. 비극은 여기저기에서 우리의 가슴을 도려내는 극악무도함의 가장자리를 조금씩 갉아낸다. 그러나 비극은 쇼크 상태에 있으며 아마도 다시는 살아나지 못할 것이다. 그리고 비극이 그런 역할을 하지 못할 때 우리가 다다르게 될 상태는 이 시대의 가장 섬뜩한 비극 중 하나가 될 것이다.

정신적 수준에서 비극은 탄생을 닮았다. 태어나는 것은 우리를 고통스럽게 하는 진실이며 공포에 질린 몸짓과 사건들이고 존재의 기괴한 비틀림이다. 죽음이 고통스러운 탄생의 일부가 되고 탄생의 황홀이 고통을 감싸 안을 때 인식은 이를 통해 죽음을 쓸어낸다.

공포는 우리를 매혹한다. 공포는 우리가 붙잡혀 있는 이 힘들의 복잡성을 결코 헤아릴 수 없을 것이라는 깨달음으로 우리를 위협한다. 우리는 아무 때나 수많은 방식으로 지워져버릴 수 있고 일그러질 수 있고 미라가 되어버릴 수 있다. 비극은 우리가 결코 완전히 파악하지 못할 복잡성을 나름의 방식으로 보여주고자 한다. 비극은 파괴적 공포라는 섬유를 그와 나란히 존재하는 창조적 공포라는 세계를 통해서 추출하는데, 이 때 자기인식과 부활이 숨쉴 수 있는 공간이 생긴다.

비극 속에서 우리는 비극이 보여주는 온갖 힘들의 그 모든 복잡성에 비추어 자신이 얼마나 작은지 측정해본다. 쉽게 도망치는 길, 좁은 도주로는 봉쇄된다. 잠시 동안 우리에게 도전하는 저 무한한 것에 잔뜩 움츠린 채 몸서리치며 다가간다.

종교적 상상에 제 자리를 찾아주자. 예를 들어 모든 세계를 품고 이를 채우는 완벽한 일체로서의 신 개념에 대해서 생각해보자. 신 밖의 공간은 없다. 공간없음, 혹은 무공간성.

홀로코스트도, 모든 종류의 인종 청소도, 아프리카의 기아와 압제도, 지하철에서 무고한 사람을 죽이는 폭탄 테러도 신에 속한다. 또한 다른 부류의 기아와 테러리즘, 즉 추락하지 않고 유지되는 섬뜩한 주식 시장의 흐름, 대규모 시장 경제의 타락, 삶을 일그러뜨리는 정치적 언동 역시 신에 속할 것이다.

내가 어디를 가건 신이 있다. 나는 당신을 내 죽어있음을 통해서, 내 마비를 통해서, 내 광기의 밑바닥에서 발견한다. 물론 당신은 하늘 속에, 구름과 별들과 빛과 어둠 속에, 삶의 좋은 순간들 속에도 있다. 그러나 당신은 또한 심연의 괴물들 속에도 존재한다. 당신은 내가 아이, 아내, 여동생에게 상처를 줄 때 느끼는 고통 속에도 있다. 당신은 타자의 고통이다. 당신은 내 기쁨 속에 있다. 당신은 타자의 기쁨이다. 당신은 내 안의 블랙홀이며 찬란한 빛이다. 당신은 내 실패요, 성공이다. 요나가 그랬듯, 어디로 달려가든 거기 당신이 있다. 나는 당신을 벗어던지려 시도하지만, 당신은 삶은 소중하다는 것을 가르쳐준다. 당신은 내 가슴을 사랑으로 연다. 삶에 지칠 때 당신이 거기 있다.

무수한 공포와 신성. 아무도 당신에게서 벗어나지 못한다.

만약 신이 모든 공포 속에, 모든 자잘한 악 하나하나에 모두 존재한다면, 그에 대해서 우리가 할 수 있는 말이란 별로 없다. 우리는 그냥 드러누워 죽어야 한다.

미숙하고 무식하며 유치찬란한 생각 하나 : 공포와 악으로부터 우리 자신을 빼낸다는 것(불가능할까?)은 다시 말해 우리가 공포와 악으로부터 면제된다는 것, 혹은 면제되어야 한다는 것을 의미할 것이다. 나쁜 것들은 우리가 되어서는 안 되고 우리 일부여서도 안 되며 우리에게 영향을 주어도 안 된다는 것. 근본적 분노 혹은 의문 : 왜 우리는 우리가 상상하는 대로의 신과 같지 않을까? 우리가 모든 우연적 사건 속에서, 모든 정신적 혼란 속에서, 모든 분노의 조각조각 속에서 신을 만나게 된다면, 어떻게 우리는 우리 자신과, 그리고 신과 함께 살 수 있을 것인가?

왜냐하면 신에게는 어떤 유예도 휴식도 없기 때문이다. 영혼이 안식하는 장소, 어떤 평화 가운데 신은 자리하고 있다. 혼란의 소용돌이에 휩싸인, 혹은 죽음의 바다에 빠진 모든 이들을 위해 항상 신은 거기 계신다.

'내 육신에서 나는 신을 본다'

망가진 생태계 속에서 신이 보이는가? 당신이 가장 환하게 빛나는 곳에서 당신은 오염되었는가? 히로시마의 방사능 속에서, 대양을 숨막히게 하는 화학물질과 기름 속에서, 율법학자들이 당신도 함께 하는 수많은 모험을 쓸 때만 해도 발명되지 않았던 바다의 괴물들 속에서? 우리가 매일 수없이 오해하고, 그래서 서로에게 상처를 줄 때 그 안에서 신은 반짝이는가?

아이들이 죽어가고 있을 때 당신은 어디에 있는가? 항상 우리 곁에 있다고?

온 세상이 당신의 영광으로 가득하다고?

어떤 사람은 그 모든 선과 악이란 신이 여러가지 말로 여러 사람들에게 이야기하는 것이라고 말한다.

신 주위에 많은 미숙한 것들이 모여 있다. 신은 미숙함 속에 있는가?

온 세상이 당신의 영광으로 가득하다고? 당신이 온 세상의 영광이라고?

아이를 잃은 엄마 가슴 속의 쓰라린 고통은 다른 아이들에 대해 느끼는 기쁨으로 지워지지 않는다.

신은 공포로, 사랑으로 우리를 지워버린다. 공포를 통해서, 사랑을 통해서 우리를 고양시킨다.

그렇다면 열림의 순간은 어떤가? 좋은 순간, 좋은 시절은?

정신분석에서 환자는 좋은 꿈을 가져올 수 있고, 좋은 회기를 가질 수도 있다. 삶이 참 좋다고 느끼게 만드는 꿈 혹은 회기가 있다. 살아있다는 것은 좋은 일이다. 이는 삶을 사랑하도록 만들어주는 순간이고, 은총과 자유의 순간이기도 하다. 이는 고된 치료 작업을 통해서, 섬뜩한 것 옆에 머묾으로써, 자기 자신의 죄와 고통에 가까이 다가감으로써 가능하다. 그리고 마침내 열린다.

우리는 이 열림이 계속되기를 희망한다.

때로는 이러한 열림이라는 것이 마치 자전거를 타거나 타자를 치는 것과 비슷하다는 생각이 든다. 일단 감을 잡으면 이를 더 쉽게 더 자주 할 수 있다. 많은 사람들에게 이는 쉽지 않아서, 좋은 순간을 느끼는 능력은 금방 손상된다. 아마도 많은 경우에 이러한 열림을 향한 움직임은 전적으로 세속적인 문제일 것이다. 그러나 내게 있어 이 열림 속에는 어떤 신성의 손길이 있다. 어쩌면 손길 이상의 것이.

신비주의적 시선은 많은 유형의 다양한 국면과 단계의 사랑을 묘사한다. 때로는 신성한 사랑이 가슴을 맞대고 입을 맞추는 결혼이라는 형태를 취한다. 형용할 수 없는 친밀함. 완벽한 유대.

때로 사랑의 빛은 '타오르는 불처럼 강렬한 열과 빛을 내뿜는다'. 자신의 가슴과 마음에 대한 인식, 그리고 자신을 지워 없애며 신에게 영혼과 몸을 내맡기는 것. 자기를 더 없애갈수록 빛과 불을 위한 더 많은 공간이 생긴다.

전심으로, 영혼을 다 바쳐, 모든 힘을 끌어모아서.

육신 역시 뒤에 남겨지지 않는다. 육체는 영원한 기쁨이다. 육체의 달콤함이 신성한 빛으로 터질 듯 충만하다.

삶 중의 삶. 빛 중의 빛.

연인의 얼굴 속 신의 빛. 내 삶을, 사랑하며 겪었던 고난들을 뒤돌아보건대 그 모든 사랑을 통해 나는 천국에 더 가까이 다가갔다.

육신의 사랑 역시 나와 함께 있다. 감촉은 천국의 풍미다. 감촉은 나와 함께 있다. 이는 용해되어 다른 빛의 흐름 속으로 들어간다. 신체적 감각이 빛으로 가득하다. 눈뭉치를 언덕에서 굴리면 점점 커지듯 감각의 빛과 느낌의 빛, 황홀한 생각의 빛이 함께 굴러간다. 빛이 모든 것을 관통하고 모든 것은 빛의 추진력의 일부다.

쾌락들이 서로 포개진다. 기쁨들이 서로 안으로 흘러든다. 황홀이 하나로 모인다.

역무원이 스위치를 눌러 철로의 방향을 바꾸듯, 신의 사랑은 어디에서 오는 것일까? 심미적 사랑 속에 있을까? 아이를 돌보는 부모 속에? 대체 무슨 일이 벌어지기에 우리는 별을 보고 부드러운 바람을 느끼고 구름이 걷히고 영혼이 신에 닿는 것일까?

아들이 소위 '그 현상'이라고 부르는 것을 보여준다. 우리는 호수를 헤엄쳐 건너서 어떤 장소에 도착한다. 그곳에서 빛이 나뭇잎 위에서 파문을 일으키며 끊임없이 변하는 것을 본다. 부드러운 빛의 손짓을, 빛의 무리가 떨고 있는 것을 본다. 나무들이 흔들리는 빛과 함께 살고 있는, 물에 녹은 별들이 희미하게 반짝이는 나뭇잎과 함께 빛나는 자그마한 곳. 이는 물론 햇빛이 물에 반사된 것이다. 나는 아들이 이곳에서 신을 보았는지 알지 못한다. 그러나 그는 신비의 전율을, 아름다움이 불러일으키는 놀라움을 느낀다.

우리가 살아가는 동안 쾌락, 기쁨, 황홀은 서로 뒤섞인다. 어떤 순간이 되면, 아마도 처음부터 무의식적 혹은 반의식적으로, 황홀한 사랑은 자신만의 삶의 형태를 취하여 마침내 스스로를 앞질러간다. 황홀한 사랑은 추진장치와 같아서 사랑은 황홀을 지나 솟구쳐 오른다. 황홀한 사랑은 자신을 넘어설 가능성을 열어주는 하나의 선물이다.

'즐거움'은 우리 영혼에 강렬하고 달콤한 불을 붙이는 그 빛을 가리키기에는 너무 조악한 용어이다. 천상을 향한 불꽃.

신비주의자들은 다른 모든 사랑을 집어삼켜 용해시키면서 그 구분을 초월하는 '하나의' 사랑에 대해서 이야기한다. 낮은 사랑은 모든 것을 하나로 만드는 놀라운 사랑을 향하는 계단이며, 수단이고 그 일부다. 그리고 다른 사랑들은 그 '사랑 중의 사랑'을 잠깐 맛보게 해준다.

나에게 이 빛은 어느 정도는 사랑과 독립적으로 존재하는 것 같다. 사랑은 이와 결부되어 있을 수도 있고 아닐 수도 있다. 또 자신을 내맡기는 것이 꼭 필요한 건지도 잘 모르겠다. 내 삶 속에서 빛은 그냥 나타났다. 나는 이를 찾기 위해 아무것도 하지 않았다. 심지어 빛이 나타나기 전에는 이 빛이라는 것이 존재하는지조차 몰랐다. 그 덕에 내가 더 나은 사람이 되었는지 잘 모르겠다. 내가 끔찍한 사람이어서 나타난 것이 아니다. 이 빛이 내게 실제적으로 현존하고 있다는 것이 기쁘다. 빛이 없었다면 삶이 어떠했을지 나는 잘 알지 못한다. 세상이 얼마나 빈곤하고 허무했을지 알지 못한다. 그렇지만 사는 것은 원래 그렇듯 충분히 힘들다.

이 빛이 고통에서 태어나는 것처럼 보였던 때가 있었다. 그러나 항상 그랬던 것은 아니다. 때로는 빛이 다시 빛을 일으켰다. 때로는 그 어디도 아닌 곳에서 빛이 나왔다. 때로는 한 번의 키스로 빛이 일어났다.

일은 인생에 의미를 준다. 정서적 유대는 인생에 의미를 준다. 호기심, 경이, 경외, 공감. 이 중에서 무엇을 섭취할지 골라보라. 나의 경우, 이들이 빛으로 채워지지 않는다면 아무 의미도 없고 아무것도 만들어내지 못했다는 것을 고백해야겠다.

선은 이 빛과 연관되어 있나? 그럴지도 모른다. 나는 분명 더 나은 사람이 되려고 했고 이를 위해 열심히 노력했다. 그렇지만 여전히 나는 나이며 여러 판본의 나이다. 여전히 더 나은 사람이 되려고 노력하면서 나는 딱딱한 벽에 몸을 부딪친다. 고통이 일어나고 고통을 느낀다. 구덩이 속에서. 빛은 아무 대가를 바라지 않고 나와 함께 했다. 탄생처럼. 혹은 이 빛은 삶이 요구한 만큼의 대가를 가져간다고 이야기하는 것이 더 낫겠다. 빛은 삶과 함께 온다. 나는 빛이 삶에 생명을 부여한다고 절실히 느낀다.

다른 사람에게도 똑같을까? 때로 이런 이야기를 하면 세련된 뉴욕 동료들은 나를 이상한 눈으로 쳐다본다. 그들은 나름의 경력을 쌓아가고 있고 이런저런 물건들을 사들이며 삶 그 자체를 누리고 나름 잘 살고 있다. 나는 빛이 중요하다는 이야기를 들어본 적이 별로 없다. 내가 그들과 많이 다른 건 아닌가 의심하지만, 이 빛이 내 삶의 모든 것을 빛나게 해준다는 것은 의심할 수 없다. 빛은 모든 것을 열어젖혀 환하게 빛나게 한다. 모든 것을 가치 있고 온전하고 아름답고 놀라워 보이게 만든다.

이것은 일종의 보너스인가? 아니면 삶의 핵심인가?

'당신의 빛 속에서 나는 빛을 봅니다.' 이 문장에 대해서 생각하고 느낄 때 나는 전율하며 떤다. 전율과 떨림을 넘어 형언할 수 없도록.

정확하게 언제인지 기억나지 않는 수년 전에, 모든 유대 기도의 마지막에 들어가는 노래 속 한 구절이 내 안에 자리 잡았고 절절하게 울렸다. 이는 찬송가인 '알레이누'[55]에 나오는 구절로 대략 다음과 같다. '그는 우리의 신이시며, 그 외에는 아무것도 없습니다.' 아무도 없다, 그 어떤 것도. 이 구절은 결코 멈추지 않는 반향을 일으켰다. 이를 어떻게 표현해야 할지 모르겠다.

존재하는 것은 오로지 신뿐인가? 항상 모든 곳에? 모든 곳에 있는 모든 것이 항상 신인가?

어쩌면 우리의 신 외에 다른 신은 없다는 의미일지도 모른다. '이스라엘은 들으십시오. 주님은 우리의 하나님이시요, 주님은 오직 한 분뿐이십니다'[56] 라는 구절에서처럼 말이다. 에차드Echad(하나)-숌Shawm(평화)-아인Ayin(무)-아인 소프en Sof(무한). 그럴지도 모른다. 그렇다면 이 문장의 의미는 희석된다.

어쩌면 이는 차라리 '나는 아들을 볼 때 신을 본다. 환자를 볼

역주55) 유대 기도에서 하나님을 찬양하는 것이 우리의 마땅한 의무임을 고백하는 폐회송이다.

때 신을 본다. 아내를 볼 때 신을 본다. 당신을 볼 때 신을 본다. 존재, 나라는 존재의 모든 조직 속에서 신을 느낀다'는 뜻일지도 모른다.

아니다, 그보다 더한 의미가 담겨있다. 그보다 훨씬 더한 의미가.

역주 56) 신명기 6:4

저자 주석 및 참고문헌

p. 11: 1960년대에 뉴욕에서 열린 '새로운 사회 연구 학회'에서 한나 아렌트가 황홀에 대해서 이야기하는 것을 들었다.

p. 11: Eigen, M. (1993) <The Electrified Tightrope> Northvale, N.J.: Jason Aronson.
____ (1998) <The Psychoanalytic Mystic> London and New York: Free Association Books.

p. 12: Federn, P. (1957) <Ego Psychology and the Psychoses> London: Maresfield Reprints.
페데른이 말한 무한한 '나라는 느낌'에 대한 추가적 논의를 위해서는 나의 저서 <정신증의 핵>(1986; Northvale, NJ. : Jason Aronson) 4장 참고

p. 12: Winnicott, D. W (1992) <성숙과정과 촉진적 환경> New York : International Universities Press.
____(1989) <Psycho-Analytic Explorations. Ed. C. Winnicott, R. Shepherd, and M. Davis. Cambridge : Harvard University Press.
____(1992) <소아의학을 거쳐 정신분석학으로>. New York: Bruner Mazel.

p. 12: Milner, M. (1957) <On Not Being Able to Paint> New York: International Universities Press의 부록 참고 또한 <The Electrified Tightrope>의 14장에서 밀너의 '황홀한 상징 경험' 개념을 확장시켰다.

p. 12: 비온의 작업이 진행되면서 신뢰는 점점 더 중요한 역할을 했다.
예를 들어 <주의와 해석> (1970; Northvale, N. J.: Jason Aronson)에서처럼.
비온의 신뢰 개념에 대한 나의 해석에 대해서는 <The Electrified Tightrope>의 11장과 17장, 그리고 <The Psychoanalytic Mystic>의 3-5장 참고

pp. 14-15: Eigen, M. (1986) <정신증의 핵>.
____(1996) <Psychic Deadness> Northvale, N.J.: Jason Aronson.
____(1999) <독이 든 양분> London: Karnac.
____(2001) <Damaged Bonds> London: Karnac.

p. 22: Freud, S. (1914)「나르시시즘 서론」

p. 25: Reich, W (1949) <Character Analysis> New York: Farrar, Straus & Cudahy.

p. 28: Federn, P. (1957) <Ego Psychology and the Psychoses>.

pp. 33-39: Plotinus (1991) <The Enneads> Trans. Stephen MacKenna; abridged by John Dillon. London and New York: Penguin Books.
인용된 문장에 대해서는 386, 545 페이지 참고

p. 42: 때로 라캉이 말하기를, 숨기는 행위는 아무것도 숨기지 않는다고 했다.
우리는 무언가가 숨겨져 있다고 느끼기 위해서 숨긴다.
이러한 맥락에서 보면, 무엇인가가 덮고 있는 것은 무無다.
또한 정신분석적으로 볼 때, 우리는 아무도 자신을 원치 않는다는 사실을 숨기기 위해서 스스로 숨는다. 숨음으로써, 누군가가 자신을 찾고 있는 척 할 수 있는 것이다.
그렇게 우리는 숨어 있다고 느낌으로써 아무도 자신을 찾지 않는다는 섬뜩한 깨달음을 감춘다. 그리고 이는 교묘하고 강력한 방어다.
즉, 숨어 있다고 생각하면 사람들이 나를 원하고 있다고 느낄 수 있다.

p. 44: '얼룩'과 '워프'에 대해서는 <The Electrified Tightrope>의 'Demonized Aspects of the Self' (제16장)과 <Psychic Deadness>의 'The Counterpart' (제9장) 참고

p. 50: Lewin, B. (1973) <Selected Writings of Bertram D. Lewin> Ed. J. A. Arlow. New York: The Psychoanalytic Quarterly.

pp. 96-98: Lacan, J. (1978) <자크 라캉 세미나 11 – 정신분석의 네 가지 근본 개념> Trans. A Sheridan. Ed. Jacques-Allain Miller. New York: Norton.

p. 96: Freud, S. (1911) <편집증 환자 슈레버 – 자서전적 기록에 의한 정신분석>
또한 <정신증적 핵>에서 슈레버 사례에 대한 나의 서술 참고

p. 102: 조셉 캠벨은 중세 음유 시인과 기사도 정신에 대해서 논의하면서, '당신의 천복을 따르라'는 구절을 사용했다. 이는 근대 개인주의 탄생에 대한 일종의 이상화였다

('기사들은 각자 숲의 다른 곳으로 들어갔고, 숲 속에서 자기 나름의 길을 발견하거나 만들어냈다').
나는 그 수년 전에 캠벨이 대화 중에 이와 비슷한 이야기를 하는 것을 들은 적이 있다.
보리스는 캠벨의 책들을 좋아했다.

p. 114: Grotsein, J. S. (1981) <Splitting and Projective Identification> Northvale, N.J.: Jason Aronson.

p. 117: Freud, S. (1940) <정신분석학 개요>

pp. 117-118: 나는 케언이 이 이야기를 하는 것을 1960년대에 '새로운 사회 연구 학회'에서 들은 적이 있다. 그의 말은 시간적 구조로 인한 의식의 '불멸' 에 대한 일종의 후설 식 '논증' 이다.

p. 118: 의식의 탄생과 흩어짐에 있어 폭발의 이미지에 대해서는 비온의 <주의와 해석>(1970)과 아이건의 <The Psychoanalytic Mystic>(1988) 제3장 참고

p. 161: 이러한 '어형 변화' 혹은 일련의 변형은 클리포드 스콧의 학생인 엘리 가핑클 박사가 1998년에 이메일을 통해 비온에게 소개해준 것이다.
그는 대화 중에 스콧이 이와 비슷한 이야기를 하는 것을 들었다고 한다.
가핑클 박사와 비온 메일링 리스트 관리자인 실비오 메르시아이 박사는 내가 이를 여기에 사용하는 것을 허락해 주었다.
클리포드 스콧은 창조적인 캐나다 정신분석가로서 다른 누구보다 멜라니 클라인과 윌프레드 비온의 영향을 받았다.

p. 169: Bion, W R. (1980) <Bion in New York and Sao Paulo> Ed. Francesca Bion. Strathclyde: Clunie Press.

pp. 174-175: Bion, W. R. (1982) <The Long Week-End, I897-1919> Abingdon : Fleetwood Press.
____ (1961) <Experiences in Groups> London : Tavistock.

p. 185: '신, 바로 그 곳.' 유대인에게는 신의 이름이 많다.
명사들은 신의 이름으로 쓰일 수 있다.

유월절 예식에서 쓰이는 책 하가다에서는 신을 '하마콤Hamakom' 이라고 부른다. 여기에서 'Ha'는 'The'이며, 'Makom'은 '장소Place' 라는 뜻이다.

p. 192: '활력은 영원한 기쁨이다' : 윌리엄 블레이크, <천국과 지옥의 결혼>

pp. 193-194: Winnicott, D. W (1989) <Psycho-Analytic Explorations>

p. 197: '왜냐하면 살아있는 모든 것은 신성하기 때문이다.' : 윌리엄 블레이크, <천국과 지옥의 결혼>

p. 198: '모든 것에서 무한함을 보는 사람 ...', '순수 종교는 없다' 라고 한 윌리엄 블레이크의 나머지 인용은 <천국과 지옥의 결혼>에서 따온 것이다.

p. 202: '우리가 겪을 수 있는 가장 아름다운.....:' 알베르트 아인슈타인. 나는 이 문구를 뉴저지의 자유 과학 센터에서 본, 한 포스터에서 얻었다.

p. 202: '아름다운 것은 ... :' 키츠, <엔디미온>

p. 207: 니콜라스 베르디아에프는 이 '신생의neonic' 라는 용어를 새로이 출현하는 생명의 탄생과 영혼을 낳는 행위의 감각을 전달하기 위해서 사용했다.
그는 이 단어를 자유와 결부시켰는데, 따라서 '신생의 자유'는 끊임없이 태어나는 사태에 기반하고 있다. 여기에서 나는 이 단어를 혼란 및 모든 곳에서 일어나는 변화와 연관시켰다.

p. 220: '내 육신에서 나는 신을 본다 :' 욥기 19:26

p. 222: '타오르는 불처럼 강렬한 ... ', Rabbi Schneur Zalman of Liadi, <Likutei Amarim> - Tanya. (1984; Brooklyn, N. Y.: Kehot Publication Society)

p. 224: '당신의 빛 속에서 ...', 시편 36편

역주 57) 번역이 된 책은 번역서의 제목으로 표기했다.

옮긴이의 말

번역이 쉽지 않았다. 제목부터 고민을 많이 했다. '엑스터시'라고 하자는 주변 의견이 많았지만, 음역은 맨 나중에 어쩔 수 없을 때 하는 것이라는 어줍잖은 신념이 있었다. 게다가 기역 발음 때문에 숨이 턱 막힌 후에 시옷, 티읕, 시옷으로 이어지는 까칠하고 건조한 발음이 이 단어가 품고 있는 그 깊은 의미를 제대로 표현해주지 못하는 것 같았다.

그래서 처음에는 '몰아沒我'로 옮겼다. 그것이 '어떤 상태에서 벗어난다(ex+Stet)'는 단어의 원래 의미를 잘 표현하는 것 같았다. 그렇지만 한 스무 쪽 쯤 번역하다 보니, 형용사나 부사로 의미를 부드럽게 넘기는 데 한계가 있었고, 무엇보다 원래 단어에 담긴 충만하고 광대한 감정을 이 단어로 표현할 수가 없었다.

그래서 '황홀'이 되었다. 이응 받침의 동그란 울림과 리을 받침의 출렁임이 좋았고, 명사에서 형용사나 부사로 바꾸는 데에도 무리가 없었다. 이 황홀한 책에 어울리는 제목이었다.

번역하는 내내 황홀했다. 짧고 의미심장한 단문 속에 아이건 선생님의 깊은 삶이, 심오한 통찰이 잔뜩 담겨 있었다. 그 문장들을 하나하나 우리말로 옮기는 것이 즐거워 컴퓨터 앞에 앉아 파일을 열 때면 설레어 했다. 책이 끝나가는 것이 아쉬웠다. 이해할 수 없는 문장을 만나면(물론 제법 자주), 하루 종일 그 문장을 입속에서 웅얼대면서 이렇게 저렇게 의미를 맛보고 만지려 했다. 그래서 그 감각을 다시 우리말로 옮겨내는 일 자체가 감질나게 힘들었고 그만큼 재미있었다.

이 책이 정신분석에, 나아가 삶의 깊은 의미에 관심이 있는 모든 이에게 작은 기쁨이 되었으면 좋겠다. 물론 설익거나 잘못된 번역은 모두 역자의 탓이다.

2014년 7월,

김건종